Colloquial

Irish

Specially written by experienced teachers, this is an easy-to-use and completely up-to-date course which provides a step-by-step approach to spoken and written Irish, with no prior knowledge of the language required. This new edition offers updated cultural references and new audio material accompanying the course.

What makes *Colloquial Irish* your best choice in personal language learning?

- emphasis on the language of East Connemara, with a clear pronunciation guide and an appendix on dialectal differences within Irish
- stimulating exercises with lively illustrations
- effective combination of language points, dialogues, and cultural information
- Irish/English and English/Irish word lists.

By the end of this rewarding course, you will be able to communicate confidently and effectively in Irish in a broad range of everyday situations.

New audio material for this edition is available to download for free in MP3 format from www.routledge.com/cw/colloquials. Recorded by native speakers, the audio material features the dialogues and texts from the book and will help develop your listening and pronunciation skills.

Tomás Ó híde is Professor of Languages and Literatures at Lehman College, CUNY, USA.

Máire Ní Neachtain was Head of the Irish Department at Mary Immaculate College in Limerick, Ireland, and now resides in An Spidéal in the Cois Fharraige Gaeltacht, where she is active in many community enterprises.

Roslyn Blyn-LaDrew is Lecturer at Penn Language Center, University of Pennsylvania, USA.

John Gillen is Assistant Professor in the Department of Natural Sciences, Hostos Community College, CUNY, USA.

THE COLLOQUIAL SERIES

The following languages are available in the *Colloquial* series:

Afrikaans	German	Romanian
Albanian	Greek	Russian
Amharic	Gujarati	Scottish Gaelic
Arabic (Levantine)	Hebrew	Serbian
Arabic of Egypt	Hindi	Slovak
Arabic of the Gulf	Hungarian	Slovene
Basque	Icelandic	Somali
Bengali	Indonesian	Spanish
Breton	Irish	Spanish of
Bulgarian	Italian	Latin America
Burmese	Japanese	Swahili
Cambodian	Kazakh	Swedish
Cantonese	Korean	Tamil
Catalan	Latvian	Thai
Chinese	Lithuanian	Tibetan
Croatian	Malay	Turkish
Czech	Mongolian	Ukrainian
Danish	Norwegian	Urdu
Dutch	Panjabi	Vietnamese
English	Persian	Welsh
Estonian	Polish	Yiddish
Finnish	Portuguese	Yoruba
French	Portuguese of Brazil	Zulu

COLLOQUIAL 2S series: *The Next Step in Language Learning*

Chinese	Irish	Spanish
Dutch	Italian	Spanish of Latin
French	Portuguese of Brazil	America
German	Russian	

Colloquials are now supported by FREE AUDIO available online. All audio tracks referenced within the text are free to stream or download from www.routledge.com/cw/colloquials

Colloquial
Irish

The Complete Course for Beginners

Second edition

Tomás Ó hÍde, Máire Ní Neachtain,
Roslyn Blyn-LaDrew, and John Gillen

Routledge
Taylor & Francis Group

LONDON AND NEW YORK

Cover image: © Seán Ó Mainnín. www.seanomainnin.com

Second edition published 2023

by Routledge
4 Park Square, Milton Park, Abingdon, Oxon, OX14 4RN

and by Routledge
605 Third Avenue, New York, NY 10158

Routledge is an imprint of the Taylor & Francis Group, an informa business

First edition published by Routledge 2008

British Library Cataloguing-in-Publication Data
A catalogue record for this book is available from the British Library

Library of Congress Cataloging-in-Publication Data
Names: Ó hÍde, Tomás, author. | Ní Neachtain, Máire, author. | Blyn-LaDrew, Roslyn, author. | Gillen, John, author.
Title: Colloquial Irish : the complete course for beginners / Tomás Ó hÍde, Máire Ní Neachtain, Roslyn Blyn-LaDrew, and John Gillen.
Description: 2nd Edition. | Milton Park, Abingdon ; New York, NY : Routledge, 2023. | Series: Colloquial series | Includes index.
Identifiers: LCCN 2022014438 (print) | LCCN 2022014439 (ebook) | ISBN 9781032077376 (pbk) | ISBN 9781003208587 (ebk)
Classification: LCC PB1227.5.E5 I37 2023 (print) | LCC PB1227.5.E5 (ebook) | DDC 491.6/282421—dc23
LC record available at https://lccn.loc.gov/2022014438
LC ebook record available at https://lccn.loc.gov/2022014439

ISBN: 978-1-032-07737-6 (pbk)
ISBN: 978-1-003-20858-7 (ebk)

DOI: 10.4324/9781003208587

Typeset in Avant Garde and Helvetica
by codeMantra

Access the companion website: www.routledge.com/cw/colloquials

The following native Irish language speakers from Cois Fharraige can be heard on the audio: Máire Ní Neachtain, Póilín Nic Chonaonaigh, Josie Ó Cualáin, and Seosamh Ó Neachtain. Mícheál Mac Lochlainn is the narrator.

Contents

Acknowledgements

A curriculum development grant was used to create the updated sound files at An Tobar Fuaime studio in An Spidéal, County Galway. The authors and publishers are sincerely grateful for support received from the Department of Tourism, Culture, Arts, Gaeltacht, Sport and Media and the Irish National Lottery supported by the Ireland-United States Commission for Educational Exchange (Fulbright Commission).

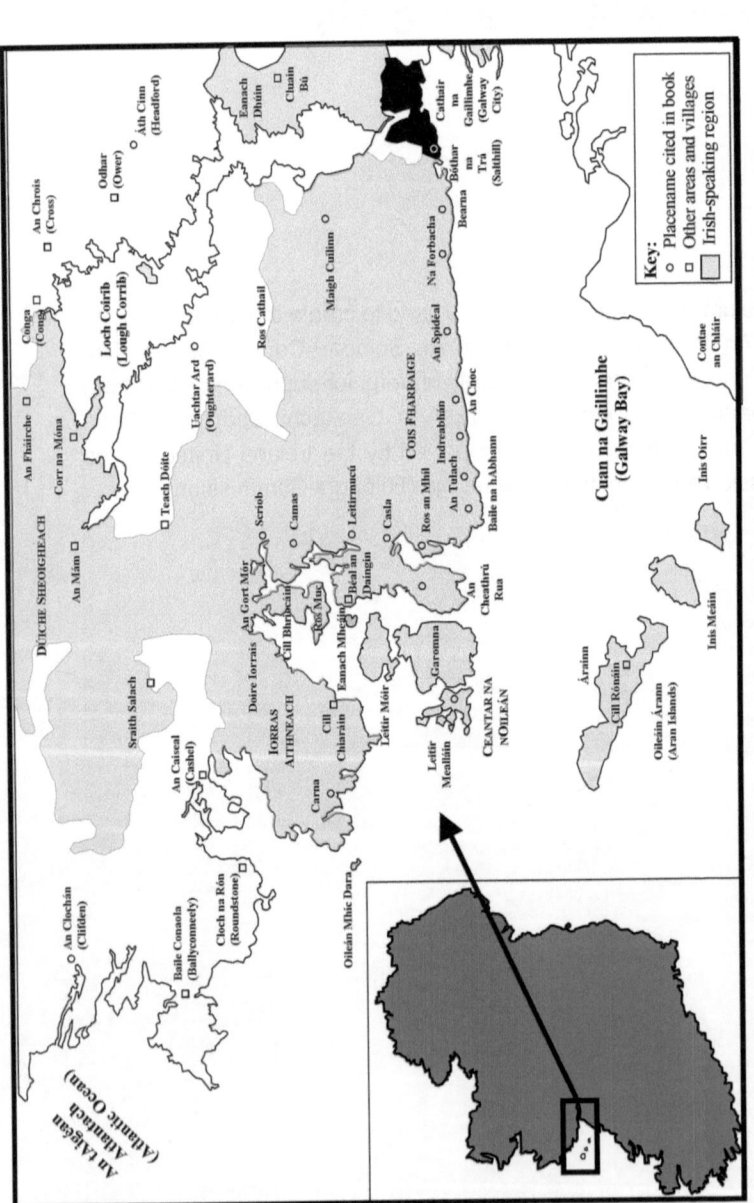

Western Galway with the Irish-speaking districts shaded as defined in 1956 by the Ordú na Limistéar (Gaeltacht). Only larger islands or those mentioned in the text are shown. Based on maps issued by Údarás na Gaeltachta (2005).

Introduction

This book teaches the regional dialect spoken in the Province of Connacht in Ireland. While every effort has been made to not become overly focused on one local dialect, in an effort to be true to the title of this book, *Colloquial Irish*, the Irish of Cois Fharraige is deferred to when vocabulary or grammatical choices needed to be made. Cois Fharraige roughly extends just west of Galway City to Ros an Mhíl. However, many of the specific characteristics of this local dialect would be similar to the entire region of West Galway and other Irish-speaking areas in the Province of Connacht. A grammatical guide that compares Connacht Irish with the other two regional dialects appears in the appendix.

This book is written by Irish-language instructors who have taught adult complete beginners in Ireland and the USA for many years. This book is the product of a collaboration of four research fellows affiliated with the Institute for Irish-American Studies, part of the City University of New York (CUNY). The chapters were originally drafted by Tomás Ó hÍde, who teaches Irish at Lehman College, CUNY. Tomás's own interest in the Irish of County Galway is a result of his native Irish-speaking grandfather who grew up on the eastern shores of Lough Corrib. Máire Ní Neachtain (Coláiste Mhuire Gan Smál, Ollscoil Luimnigh) provided essential native-speaker input as well as overall pedagogical and grammatical editing as each unit was completed. She also coordinated the selection and recording of native speakers. Máire was born and raised in Cois Fharraige where she still lives and remains active in the Irish-speaking community. Roslyn Blyn-LaDrew (University of Pennsylvania) and John Gillen (Hostos Community College, CUNY) each provided grammatical input on the drafted chapters. Additionally, Roslyn

DOI: 10.4324/9781003208587-1

shared her many years of pedagogical experience of teaching Irish to adults in America, and John provided expert dialectal knowledge for the chapters and grammar appendix.

This is an exciting time to be studying Irish. The language is becoming more and more accessible to the language learner in ways that could not be imagined even twenty years ago. Raidió na Gaeltachta, the Irish-language radio service, has expanded to twenty-four-hour broadcasting. More than two decades ago, an Irish-language television station was established, catering to the needs of children to adults, from the native speaker through to the language learner. Both of these services are now available on the Internet free of charge. Other radio programming is also becoming popular in places like Dublin (Raidió na Life) and Belfast (Raidió Fáilte), and much of this is available on the web as well. The Internet provides endless possibilities for accessing Irish with a number of dictionaries available online, including teanglann.ie as well as publications including tuairisc.ie and www.nuacht.ie.

The Galway Irish-speaking region (Gaeltacht) is by far the strongest community of Irish-language speakers in Ireland. The official Gaeltacht in County Galway is located north and west of Galway City. The region immediately west of Galway City is Cois Fharraige. In this region that links Galway City to the rest of Irish-speaking West Galway, one finds many of the newly established Irish-speaking agencies and businesses that serve all of Ireland and beyond. As a result of this notable growth and excitement, you will find native speakers from other regions of Ireland who have also moved into West Galway to further develop their careers. Along this coastal road, one finds TG4 (the national Irish-language television station), a number of independent television and film production studios, sound studios, and publishers and printers. Agencies such as the headquarters of Údarás na Gaeltachta (the business and cultural development governmental agency) and the office of An Coimisinéir Teanga (the Irish Language Commissioner) can also be found in Cois Fharraige as can be the offices of Roinn na Gaeltachta. Further west are the headquarters for Raidió na Gaeltachta, and the Irish-language university center of Ollscoil na hÉireann, Gaillimh (National University of Ireland, Galway). Transportation in this region is facilitated by all of the communication links through Galway City as well as regional air (Aerfort na Mine, Indreabhán) and ferry (Ros an Mhíl). For international students, flights to Knock Airport and Shannon Airport make travel to West Galway increasingly easier.

In the early stages of planning this text, topics and structures commonly found in beginning foreign-language textbooks in the USA following a communicative syllabus were intended. However, the authors were then introduced to the *Teastas Eorpach na Gaeilge*. This book follows Siollabas (A1), Bonnleibhéal 1, and therefore a student could take the internationally recognized A1 (Bonnleibhéal 1) examination after completing this book. That syllabus continues to be developed by the Lárionad na Gaeilge at Ollscoil Mhá Nuad (Maynooth University). For more information and sample tests, visit www.teg.ie.

Pronunciation

Below is just a short introduction to the pronunciation of Irish. We would not like to overwhelm the beginner with pronunciation rules at this early stage. Great care has been taken to choose speakers from Cois Fharraige with clear representative speech in preparing the soundtracks that accompany this text.

In Irish, there are thirty-six consonantal sounds which are generally identified. This is nearly twice as many as you may have first expected when seeing the language in print. The large number of consonants is a result of the fact that there are two ways to pronounce most consonants. Seventeen of the written consonants are identified as having two possible pronunciations, a broad (**leathan**) pronunciation and a slender (**caol**) pronunciation. For learners who have a background in linguistics, the terms "velarized" and "palatalized" respectively may be more familiar.

Distinguishing between broad and slender consonants in the spoken language is crucial since for some words the only notable difference is in the pronunciation of these consonants. For example, /ka:s/ and /ka:sʲ/ only differ in the pronunciation of the final consonant. **Cás** can mean "case," as in suitcase, whereas **cáis** means "cheese." In the written system of Irish, accommodations have been made to assist the reader in distinguishing between broad and slender consonants. The vowels *a*, *o*, or *u* come before and after broad consonants. The vowels *e* or *i* come before and after slender consonants. So, with our examples above, the *c* in both words must be broad because it is followed by the vowel *a*. However, we know that the *s* in **cáis** should be pronounced as a slender consonant because the spelling indicates this with the use of an *i* before the *s*. You may already be familiar with other proper nouns with slender *s* consonants. In the names **Seán** and **Sinéad**, the *s* is followed by *e* or *i* and therefore has the slender "sh" sound, what the Irish–English dictionaries identify as /s´/.

The table below employs the symbol system used in bilingual dictionaries of Irish and English. The first dictionary to carry extensive pronunciation guides was *Foclóir Póca*, based on the work of a committee chaired by Professor Dónall P. Ó Baoill working at the time with Institiúid Teangeolaíochta Éireann (the Linguistics Institute of Ireland). The explanation below is based on that work. In most cases, the Roman alphabet has been used. The slender consonants have been marked with acute accents /´/ and the broad consonants have been left unmarked. All of the sample words can be found in the text and glossary unless indicated with a translation. It should be noted that many of the sounds below are not found in English. Listen carefully to the examples and return to this introduction from time to time.

 (Audio 1:2)

Symbol	Examples	Closest English equivalent
b´	**beag, bean, bí, bia, bith**	be, beach, big
b	**bád, baile, bán, banc, bás, bog, bun**	–
k´	**cé, céad, ceann, céard, ceart, cén**	key, king, kitchen
k	**cá, cara, codladh, cois, cuan**	company, contact
d´	**deacair, déag, Dia, dialann**	–
d	**dara, dáta, dó, dona, duine**	–
f´	**féach, fear, fiaclóir, fiche**	–
f	**fáilte, farraige, foclóir, fud**	–
g´	**geal** /g´al/, **gearr** /g´a:r/, **cúig** /ku:g´/	goal, God, go
g	**gairdín, gan, gort, guth**	jog, bungalow
h	**halla, haló**	hall, hello
l´	**leaba** /l´abə/, **leor** /l´o:r/, **líne**	lecture, like
l	**lá, lag, loch, Luan**	skill, spell, village
m´	**mé, Meiriceá, míle, minic**	man, me, meet
m	**mall, moill, mór, muid, muir**	–
n´	**neart, níochán, níos, baintreach**	canyon
n	**náid, náire, naoi, nós, nua**	–
p´	**peil, peitreal, pictiúrlann, pingin**	penny, petrol
p	**páipéar, páirc, port**	–
r´	**Máire, fir, bóithrín**	–

r	**ramhar, roimh, ruga**	–
s´	**sé, seacht, sin, síos**	she, shop
s	**sacar, saor, soir, suim**	–
t´	**te, teanga, tigh, tinneas**	–
t	**tug, tart, tóg, tú**	–
v´	**bhí, bhris, uimhir** /iv´ər´/	very, village
v	**bhfuil** /vil´/, **bhuail, samhail**	wait, walk
w	**bhuel** /wel´/	well
z´	**xileafón**	pleasure
z	**zú** /zu:/	–
ŋ´	**pingin, singil**	bathing, bring
ŋ	**brionglóid** /b´r´iŋlo:d´/, **bungaló, teanga**	hunger, language
ɣ´	**dhéanamh, fíordheas, dhiaidh**	yellow, young
ɣ	**dhá, dhuit, dhaoibh, ródhaor**	Spanish *agua*
x´	**coirm cheoil, cúlchisteanach, fiche, ficheall**	Hugh; German *Ich*
x	**chaoi, chonaic, 'chuile, tríocha**	German *Bach*
d´z´	**jab, jíp**	job, jeep

Below are vowels and diphthongs as identified in the *Foclóir Póca*. As with the consonants above, this is a general guide to the sounds of Irish and not meant to focus on one specific dialect. Some beginning indications as to the pronunciation of the Irish of Cois Fharraige can be found in the pronunciation sections of the chapters. Irish has short and long vowels. A **síneadh fada** (long vowel marker) can be seen often in the spelling of Irish, though not always. In the pronunciation system a colon (:) is used to represent long vowels. The neutral vowel is represented with a schwa (ə).

(Audio 1:3)

Symbol	Examples	Closest English equivalent
a	**am, fan, mac**	after, hat
a:	**ard, bás, sráid**	part, quantity
e	**deich, le, peil**	pet, met
e:	**mé, contae, céad,**	play, say
i	**bith, cinnte, ite**	give, him
i:	**buí, sí, spraoi**	me, see
o	**bloc, doras, sona**	son, company
o:	**fós, lón, seoladh**	for, more

u	ubh, fud, uillinn	book, cooker
u:	cúig, tú, úsáid	who, you
ə	Béarla, póca, cúinne	about

Four contrasting diphthongs

ai	gadhar /gair/, oighear /air/	I, quiet
au	abhainn /aun´/, labhairt /laurt´/, gabhar	how, now
iə	bia, Dia, siad	via, pianist
uə	cuan, bua, uair	fluent

Some notable pronunciation differences between that reported in dictionaries and that heard in Cois Fharraige include **im** pronounced as /i:m´/, **bord** pronounced as /baurd/, and **urlár** pronounced as /aula:r/.

Studying

Work through each of the chapters as indicated. Make sure you listen to the audio tracks as often as possible both with the text and without it. Practice speaking the language out loud. Do all of the exercises, writing out the sentences, not just the answers. Basically, it is important to hear and see as much of the language as often as possible. For example, if you are working on a chapter each week, you will want to hear and use new vocabulary items several times each day.

As you practice speaking the language out loud, there are now valuable resources to assist with pronunciation. The online dictionary teanglann.ie now includes a Pronunciation Database which has sound files for most dictionary words in each of the regional dialects. Students working with this book should pick the "Connacht Dialect" in the Pronunciation Database. Additionally, there is a synthesizer located on the Trinity College Dublin (University of Dublin) website, abair.ie. Students can pick the "Connemara" dialect, type in a sentence in Irish, pick the speed of speech and then click on synthesize.

Try also to become involved with the language in other ways. Websites for beginners, online classes and tutoring, online newspapers, radio, television, discussion lists, local gatherings of learners, and language study visits to the Gaeltacht are all possibilities. An up-to-date listing of these and many more opportunities are available by clicking "Irish language learning" at the CUNY Institute for Irish-American Studies website (www.lehman.edu/cunyiias).

Unit 1
Ag cur aithne ar dhaoine
Getting to know people

In this unit we will look at:

- introducing yourself
- indicating age
- identifying gender and number
- using personal pronouns and emphasis
- distinguishing between the two "to be" verbs

Dialogue 1

Greetings (Audio 1:4)

Máire meets Tomás for the first time. Tomás also introduces his son, Seán, to Máire.

Máire:	Dia dhuit.
Tomás:	Dia is Muire dhuit.
Máire:	Cén t-ainm atá ort?
Tomás:	Tomás atá orm, agus cén t-ainm atá ort féin?
Máire:	Máire atá ormsa.
Tomás:	Seo é mo mhac Seán.
Máire:	Cén chaoi a bhfuil tú, a Sheáin?
Seán:	Go maith, go raibh maith agat.
Máire:	Cén aois thú, a Sheáin?

DOI: 10.4324/9781003208587-2

Seán:	Tá mé ocht mbliana d'aois.
Máire:	Hello [literally, "God to you"].
Tomás:	Hello [literally, "God and Mary to you"].
Máire:	What is your name?
Tomás:	My name is Tomás, and what is your name?
Máire:	It's Máire [literally, "Máire is on me"].
Tomás:	This is my son Seán.
Máire:	How are you, Seán?
Seán:	Good, thanks.
Máire:	How old are you, Seán?
Seán:	I am eight years old.

1.1 Greeting people

When meeting, Irish speakers will often greet each other by saying **Haigh!** (Hi!). Also, when answering the phone, one can hear **Haló** (Hello). However, the more traditional expression **Dia dhuit** is still widely used. It is especially used among middle-aged and elderly speakers and when anyone addresses such speakers. As a learner, it is best to use **Dia dhuit** when addressing all individuals for the first time since it clearly marks one's intention to speak Irish. **Dia dhuit** is a shortened form of **Go mbeannaí Dia dhuit** meaning "May God bless you."

Dia dhuit	Hello [addressing one person]
Dia is Muire dhuit	Hello [responding to one person]
Dia dhaoibh	Hello [addressing more than one person]
Dia is Muire dhaoibh	Hello [responding to more than one person]

Muire is the form of **Mary** used to refer to the mother of Jesus Christ. Also, **is** is a shortened form of **agus** 'and' and should not be confused with the **is** form of the verb "to be." While these expressions have religious origin, they can be used to just say "hello."

As in English, it is also common to ask a person how they are doing as part of the greeting.

Cén chaoi a bhfuil tú?	How are you doing? [literally, "In what way are you?"]
Tá mé go maith.	I am well.
Tá mé go dona.	I am doing poorly [not well].
Go maith.	Well, good.
Go dona.	Poorly, bad.

1.2 Asking and telling names
(Audio 1:5)

To ask a person's name, you can say **Cén t-ainm atá ort?** (literally, "What name is on you?"). The response to the question would be _____ **atá orm** where _____ is your name. To introduce a person to someone else, you simply say **Seo é** _____ (in the case of a man) or **Seo í** _____ (in the case of a woman).

Cén t-ainm atá ort?	What is your name?
Bríd atá orm.	My name is Bríd.
Séamas atá ormsa.	*My* name is Séamas.
Seo í Bríd.	This is Bríd [literally, "This Bríd"].
Seo é Séamas.	This is Séamas.

Exercise 1

Fill the blank with the missing word. E.g., Dia is Muire dhuit.

1 Cén _____ atá ort?

2 Seo _____ mo mhac, Seán.

3 Cén chaoi a _____ tú?

4 Go raibh _____ agat.

5 Tomás _____ orm.

1.3 Addressing a person (Audio 1:6)

When we address a person directly, we use **a** and the vocative form of the person's name, such as **a Sheáin**. While you may not always hear the **a** in speech, you will note the vocative form of the name if it differs from the common form. While the equivalent of **a Sheáin** is just **Seán** in English, it may be helpful to think of the phrase as meaning "O, Seán" or "Hey, Seán."

A Thomáis	Tomás
A Mháire	Máire

A Bhríd	Bríd
A Shéamais	Séamas
A Aoife	Aoife

When a personal name begins with *b*, *c*, *d*, *f*, *g*, *m*, *p*, *t*, or *s*, the initial consonant is softened (lenited, as can be seen with the addition of *h*). Male names will also insert an *i* if the final consonant is preceded by *a*, *o*, or *u*.

1.4 Talking about age (Audio 1:7)

To ask a person's age, one says **Cén aois thú?** The response uses the phrase **Tá mé** _____ **bliana d'aois** "I am _____ years old." The word for "year" is modified according to the number used before it as indicated below.

Cén aois thú?	How old are you?
Naoi mbliana d'aois.	Nine years old.
Tá mé sé bliana déag d'aois.	I am sixteen years old.
Dhá bhliain agus tríocha.	Thirty-two years.
Naoi mbliana is dhá scór.	Forty-nine years [scór "twenty"].
Cúig bliana agus caoga.	Fifty-five years.

To say that someone is one year old, we say **bliain d'aois**, or just **bliain**. For two years, one says **dhá bhliain d'aois**. Three through six years use **bliana** and seven through ten years use the mutated form of **mbliana**. The expression **d'aois** comes from a combination of **de** + **aois** "of age." Often, in Connemara, one uses **dhá scór** (two score) for forty, **trí scór** (three score) for sixty, and so on.

Bliain	one year
dhá bhliain d'aois	two years old [literally, "two years of age"]
trí bliana d'aois	three years old
ceithre bliana d'aois	four years old
cúig bliana d'aois	five years old
sé bliana d'aois	six years old
seacht mbliana d'aois	seven years old
ocht mbliana d'aois	eight years old

naoi mbliana d'aois	nine years old
deich mbliana d'aois	ten years old
aon bhliain déag d'aois	eleven years old
dhá bhliain déag d'aois	twelve years old
trí bliana déag d'aois	thirteen years old
ceithre bliana déag d'aois	fourteen years old
cúig bliana déag d'aois	fifteen years old
sé bliana déag d'aois	sixteen years old
seacht mbliana déag d'aois	seventeen years old
ocht mbliana déag d'aois	eighteen years old
naoi mbliana déag d'aois	nineteen years old
fiche bliain d'aois	twenty years old

1.5 Irish culture

Names

Sign for an auctioneer working in Connemara.

Photo by Tomás Ó híde.

While expecting parents continue to pick Irish-language names for their children, English-language names are extremely common in Ireland. However, it is a traditional practice in Ireland to make use of the Irish version of one's name in certain settings. Many children in English-speaking communities may initially have an Irish version of their name given to them in their first year of school. Irish language classes are part of the curriculum in schools throughout the Republic. Traditionally, children and young adults have also used the Irish-language versions of their names in Irish sports sponsored by the Gaelic Athletic Association (GAA). While it is common to translate English names to Irish, it is not common to translate an Irish name to English, for example, calling **Séamas** "James" or **Máire** "Mary."

Exercise 2

Pick the best answer for each greeting or question.

1 Dia dhuit!
   a. Dia dhuit!
   b. Dia is Muire dhuit!
   c. Tá mé go maith.
   d. Tá mé go dona.

2 Cén t-ainm atá ort?
   a. Go raibh maith agat.
   b. Bríd atá ort.
   c. Bríd atá orm.
   d. Cén chaoi a bhfuil tú?

3 Cén chaoi a bhfuil tú?
   a. A Thomáis.
   b. Tá mé go dona.
   c. Go raibh maith agat.
   d. Tomás atá orm.

Exercise 3

Draw a line between the personal nouns in the common form and the vocative forms. E.g., Seán → A Sheáin

1 Breandán	a Cháit
2 Síle	a Thaidhg
3 Cáit	a Niocláis
4 Pádraig	a Phádraig
5 Séamas	a Bhreandáin
6 Nioclás	a Shéamais
7 Tadhg	a Shíle

Exercise 4

Write in the number and correct form of the word for "year." E.g., Tá sé <u>cúig</u> <u>bliana</u> d'aois (5).

1 Tá mé _____ _____ d'aois (8).

2 Tá tú _____ _____ d'aois (2).

3 Tá siad _____ _____ d'aois (10).

4 Tá sí _____ _____ _____ d'aois (16).

5 Tá sibh _____ _____ d'aois (9).

6 Tá tú _____ _____ _____ d'aois (13).

Exercise 5

Answer the following questions using Dialogue 1 on p. 7. E.g., Céard a deir Máire? (What does Máire say?) → Dia dhuit.

1 Cén freagra a thugann Tomás?

2 Céard a deir Máire ina dhiaidh sin?

3 Cén freagra a thugann Tomás?

4 Cén freagra a thugann Máire?

5 Cén t-ainm atá ar mhac Thomáis?

6 Céard a deir Máire?

7 Cén freagra a thugann Seán?

Dialogue 1 on p. 7.

Vocabulary

| **ina dhiaidh sin** | after that | **ar mhac Thomáis** | on Tomás's son |

Exercise 6

Rewrite Dialogue 1 on p. 7. This time replace the names with Áine, Brian, and Pól (the son).

Dialogue 2

Introductions (Audio 1:8)

Bairbre meets up with her friend Peig and is introduced to Cathal.

Bairbre:	Cén chaoi a bhfuil tú, a Pheig?
Peig:	Tá mé go breá, a Bhairbre. Agus tú féin?
Bairbre:	Tá mise go maith freisin!
Peig:	Is é seo Cathal Mac Donncha.
Bairbre:	Tá áthas orm casadh leat, a Chathail.
Cathal:	Dia dhuit, a Bhairbre.
Peig:	Cuirfidh mé glaoch ort anocht, a Bhairbre. Cén uimhir (fóin) atá agat?
Bairbre:	A náid a hocht a seacht, a sé a dó a sé a dó a trí a sé a náid. Slán libh.
Peig and Cathal:	Slán agat.

Bairbre:	How are you, Peig?
Peig:	I'm fine, Bairbre. And yourself?
Bairbre:	I am well also!
Peig:	This is Cathal MacDonncha.
Bairbre:	I'm happy to meet you, Cathal.
Cathal:	Hello, Bairbre.
Peig:	I will phone you tonight, Bairbre. What is your (phone) number?
Bairbre:	087 626 2360. Bye [being said to both Peig and Cathal].
Peig and Cathal:	Bye.

1.6 Personal pronouns and emphasis
(Audio 1:9)

The personal pronouns in Irish when used as the subject of a sentence are **mé**, **tú**, **sé**, **sí**, **muid**, **sibh**, and **siad**. They are placed in short sentences below to provide some context.

Tá <u>mé</u> go maith.	I am well.
Tá <u>tú</u> go maith.	You are well.
Tá <u>sé</u> go maith.	He is well.
Tá <u>sí</u> go maith.	She is well.
Tá <u>muid</u> go maith.	We are well.
Tá <u>sibh</u> go maith.	You [plural] are well.
Tá <u>siad</u> go maith.	They are well.

Note that in Irish, the verb comes first in the statement and the subject follows the verb. To emphasize the one who is doing the action, you can use the following special forms **mise**, **tusa**, **seisean**, **sise**, **muide**, **sibhse**, and **siadsan**. It is also possible to use **féin** "self" as we saw in the dialogue, **Agus tú féin?** "And yourself?"

Tá mise go maith freisin!	*I* am well also!
Tá tusa go breá.	*You* are fine.
Tá muide sásta.	*We* are satisfied/happy.
Tá mé féin sásta.	*I* am satisfied/happy.

Note that the *f* in **féin** is pronounced "h."

1.7 Prepositions with personal pronouns: *ar* and *do*

In Irish, prepositions are usually combined with personal pronouns to create one word. There are not that many prepositions, and you will soon learn them all. In this chapter, we will point out **ar** "on/for" and **do** "to."

dhuit	"to you," singular
dhaoibh	"to you," plural
ort	"on you" or "for you," singular
oraibh	"on you" or "for you," plural

These forms also have emphatic forms as above, namely **ortsa**, **oraibhse**, **dhuitse**, and **dhaoibhse**.

Cén t-ainm atá ortsa?	What's *your* name?
Nollaig Shona dhuitse.	Happy Christmas to *you*.

1.8 Distinguishing between the two "to be" verbs

There are two ways of indicating the verb "to be" in Irish. **Tá** is used to indicate what is typically a temporary condition. **Is** is usually used to identify a state that is not likely to change.

Tá sé go breá.	He is fine [likely to change].
Tá áthas uirthi.	She is happy [likely to change].
Is é seo Mícheál.	This is Mícheál [not likely to change].
Mícheál is ainm dhom.	My name is Mícheál.
Is mise Mícheál.	I am Mícheál.

You have seen many examples of **tá** in the dialogues. **Is** is also commonly used, but sometimes **is** is not spoken in speech, but understood. This is why some sentences may appear to have no verb in speech. For example, one could say **Seo é Mícheál** or **Mise Mícheál** and delete the **is**. Note that the *s* in **is** makes the s sound (/s/) and not the sound of z or sh (/z/ or /s´/).

1.9 Asking questions

We have seen some examples of questions with **cén** "who/what." For example, **Cén chaoi a bhfuil tú?** Literally, this means "In what way are you?" One can also ask directly if someone is well by saying, **An bhfuil tú go maith?** So whereas **tá** is used in positive statements, **an bhfuil** is used in questions.

Tá mé go breá.	I am fine.
Tá mise go maith.	I (myself) am well.
Tá áthas orm.	I am glad.

An bhfuil tú go breá?	Are you fine?
An bhfuil tusa go maith?	Are you (yourself) well?
An bhfuil áthas ort?	Are you glad?

Exercise 7

Use the correct form of the preposition in parenthesis.

1 Dia _____. (singular **do**)

2 Nollaig Shona _____! (plural with emphasis **do**)

3 Cén t-ainm atá _____? (plural **ar**)

4 Cuir _____ do chuid éadaigh. (singular with emphasis **ar**)

5 Cén t-ainm atá _____? (singular **ar**)

6 Dia _____. (plural **do**)

Exercise 8

Place the following words in the correct order to form sentences.

1 a mé tá breá go Mhairéad.

2 maith tá go mise freisin.

3 Cóilín Ó Catháin is seo é.

4 d'aois mé tá mbliana ocht.

5 casadh a áthas tá Pheadair orm leat.

6 Bríd is mise.

Exercise 9

Create questions for each answer using the word in parentheses.

1 Tá mé go maith. (an bhfuil)

2 Tá mé go dona. (cén)

3 Tá mise go breá. (an bhfuil)

4 Eimear atá orm. (cén)

5 Tá áthas orm. (an bhfuil)

6 Tá mé fiche bliain d'aois. (cén)

Exercise 10

We have learned **tá áthas orm** in this chapter. Here are some other feelings that can be expressed using the **tá** _____ **ar** pattern. Practice making questions for each of these. E.g., Tá bród orm. (Literally, "Pride is on me/I am proud"): An bhfuil bród ort?

1 Tá faitíos orm. (fear)

2 Tá iontas orm. (surprise)

3 Tá ocras orm. (hunger)

4 Tá náire orm. (embarrassment, shame)

5 Tá tart orm. (thirst)

6 Tá tinneas cinn orm. (headache)

 # 1.10 Pronunciation (Audio 1:10)

You will note that the letter *s* is pronounced as /s´/, the sh sound, when it comes before the vowels *e* and *i* in Irish. You are probably already familiar with personal names with this pronunciation such as **Seán** and **Sinéad**. You have also seen the name **Séamas** and **Síle** in this chapter. Other popular names include **Seosamh** and **Siubhán**. **Siubhán**, a woman's name, can be heard in Cois Fharraige. **Siobhán** is the standard spelling of the name **Siubhán**. Consonants that are preceded or followed by *e* or *i* are referred to as slender consonants. **Mise, dhuitse**, and **aois** have the slender *s* sound. When *s* is preceded or followed by *a, o,* or *u*, it is considered a broad consonant and is pronounced as /s/, the s sound as in "hiss" or "miss." Examples from this chapter include **áthas, Tomás, ormsa**, and **slán**. As mentioned above, the verb **is** and the abbreviated form of **agus, is**, are exceptions to this rule.

It should be noted here that with the expression **seo é / seo í** in the audio files, you will hear **seod é / seod í**. In Cois Fharraige, a /d/ sound can be heard at the end of **seo** (here).

Exercise 11

Attending a summer school in the Irish-speaking regions of Ireland is one way to improve your pronunciation. Read the following form and fill in information about yourself.

Cúrsaí samhraidh

Foirm iarratais

Ainm agus sloinne: _____

   Seoladh: _____

   Fón: _____

   Aois: _____

Cén cúrsa is fearr leat?

☐ Cúrsa A (3–9 Lúnasa)   ☐ Cúrsa B (10–16 Lúnasa)

☐ Cúrsa C (17–23 Lúnasa)

Cén leibhéal is fearr leat?

☐ Bun-leibhéal   ☐ Meán-leibhéal   ☐ Ard-leibhéal

Vocabulary

ard	high	**is fearr leat**	you prefer
bun	bottom/beginning	**leibhéal**	level
cúrsa	course	**Lúnasa**	August
cúrsaí samhraidh	summer courses	**meán**	middle
foirm iarratais	application form	**seoladh**	address

Unit 2
Ag caint fút féin
Talking about yourself

In this unit we will look at:

- saying where you are from and your address
- asking where a place is
- stating nationality
- discussing services available in one's area
- forming questions
- using the copula

Dialogue 3

Villages (Audio 1:11)

Nioclás and Máirtín have met at a computer training course in Carna and they are talking about the areas from which they come.

Nioclás:	Cé as thú, a Mháirtín?
Máirtín:	Is as Indreabhán mé. Cá bhfuil tusa i do chónaí?
Nioclás:	I Maigh Cuilinn.
Máirtín:	An bhfuil áiseanna maithe sa gceantar sin?
Nioclás:	Is sráidbhaile mór é Maigh Cuilinn anois. Tá neart siopaí ann agus tá ollmhargadh ann freisin.
Máirtín:	Tá ollmhargadh agus cúpla monarcha in Indreabhán, ach ní baile fós é.

DOI: 10.4324/9781003208587-3

Nioclás:	Where are you from, Máirtín?
Máirtín:	I am from Indreabhán. Where do *you* live?
Nioclás:	In Maigh Cuilinn.
Máirtín:	Are there good facilities/conveniences in that area?
Nioclás:	Maigh Cuilinn is a big village now. There are plenty of shops and a supermarket there also.
Máirtín:	There's a supermarket and a couple of factories in Indreabhán, but it isn't [what you would call] a town yet.

2.1 Saying where you are from

When indicating where you are from, you can use the expression **Is as _____ mé** or just **as _____ mé**. **As** means "out of " or "from." The question is **Cé as thú?** For emphasis, one can say **Cé as thusa?** or **Cé as thú féin?** (yourself). Recall that the *f* in **féin** is usually pronounced as *h*.

Is as Indreabhán mé.	I am from Indreabhán.
Is as Gaillimh mise.	*I* am from Galway.
Is as Leitir Móir é Donncha.	Donncha is from Leitir Móir.
Is as Conamara ó dhúchas í.	She is from Connemara by birth. (She is a native of Connemara.)

2.2 Asking and telling where you live

To ask "Where do you live?" say **Cén áit a bhfuil tú i do chónaí?** For emphasis on **tú**, one can say **tusa** or **tú féin** "yourself." A short response can be simply, **i Maigh Cuilinn** "in Maigh Cuilinn." The complete answer would be **Tá mé i mo chónaí i Maigh Cuilinn**.

I mo chónaí means "in my dwelling." Hence, we ask people where they are "in their dwelling" to ask where they are living. **Mo** and **do** ("my" and "your" [singular]) cause lenition, resulting in **cónaí** being spelled and pronounced as **chónaí**. The pronunciation transcription in a dictionary for this word would show /ho:ni:/.

Cén áit a bhfuil tú i do chónaí?	Where do you live?
Tá mé i mo chónaí i nGaillimh.	I live in Galway.

Note that we can use the previously learned structure **an bhfuil** to ask questions that check our understanding.

An bhfuil tú i do chónaí in Éirinn?   Do you live in Ireland?

2.3 I nGaillimh ... (Audio 1:12)

The preposition **i** (meaning "in") causes the first letter of the placename after it to be prefixed by an additional letter. This change is called eclipsis. One letter replaces or hides the sound of the other, just like the moon hides the sun in an eclipse. Placenames that begin with *b*, *c*, *d*, *f*, *g*, *p*, and *t* can be eclipsed. When eclipsed, they appear *mb*, *gc*, *nd*, *bhf*, *ng*, *bp*, and *dt*. **I** becomes **in** before vowels.

in Áth Cinn	in Headford
i mBaile Átha Cliath	in Dublin
i gCamas	in Camas
i nDoire Iorrais	in Doire Iorrais
i bhFoirnis	in Foirnís
i nGaillimh	in Galway
i bPort Láirge	in Waterford
i dTuaim	in Tuam

2.4 In the locality

The preposition **i** "in" combines with the definite article **an** "the" to create **sa**. In the Irish of Cois Fharraige, as well as most other Gaeltacht areas of Galway and Mayo, **sa** causes eclipsis (but nouns beginning with *d* or *t* are not affected). Before vowels, the form **san** is used. The plural combination of **i** and **na** is **sna**.

Tá mé i mo chónaí sa nGaeltacht.	I live in the Gaeltacht.
Tá tú i do chónaí sa mBreatain Bheag.	You live in Wales.
An bhfuil tú i do chónaí san Astráil?	Do you live in Australia?
Tá mise i mo chónaí sna Stáit Aontaithe.	*I* live in the USA.

2.5 Nationality (Audio 1:13)

Once you begin saying where you are living, you should be prepared for the question, **An Éireannach thú?** The pattern for a nationality question is **An** _____ **thú?** The short response is **Is ea** (pronounced as if spelt **sea**) or **Ní hea**. The affirmative statement is **Is** _____ **mé** for nationality. **Mise** or **mé féin** can be used for emphasis.

An Meiriceánach thú?	Are you American?
Is Breatnach mé.	I am Welsh.
Is Astrálach mé féin.	*I* am Australian.
An Sasanach thú?	Are you English?
Ní hea, ach Albanach.	No, but [I'm] Scottish.

2.6 Irish culture

Villages

Signs in An Spidéal pointing down the Maigh Cuilinn Road.

Photo by Tomás Ó hÍde.

In some areas of Ireland, one finds villages that have recently turned into towns and towns that are now called cities. On the edges of the Galway Gaeltacht west and south of Loch Corrib, one finds three such examples, Oughterard, Clifden, and Galway City. Within the Gaeltacht, growth has taken place as well, especially as land has increased in its desirability for city commuters and tourists. In Cois Fharraige, as in other parts of the Galway Gaeltacht, most placenames on a map represent a **ceantar** or "area," and not a village or town. While there may be a dot on the map for **Casla** or **Baile na hAbhann**, one will not see a street village when driving through those areas. Until recently, **An Spidéal** was considered the only **sráidbhaile** "village" in the Galway Gaeltacht. Areas identified on such maps with a placename typically represented a rural community of homes with less than 2,000 inhabitants as reflected in the 1996 census. Areas off the **Bóthar Chois Fharraige** "Coastal Road" had well under 1,000 inhabitants. However, the 2011 census figures indicated a major increase in these numbers as some **ceantair** have grown into **sráidbhailte**. Especially in the eastern half of Cois Fharraige growth was considerable in the past, with some areas noting a substantial increase in population. For example, the population of the District Electoral Division (DED) of An Spidéal was 1,166 individuals in 1996 and 1,450 in 2011. Likewise, the population of the DED of Na Forbacha grew from 1,090 in 1996 to 1,312 in 2011.

Exercise 1

Place the words in the correct order to form a sentence.

1 Bearna is mé féin as.

2 tusa cé as?

3 is í Siobhán as Ros an Mhíl.

4 é dhúchas as Scríob ó.

5 féin as Carna is mé.

Exercise 2

Use the following words to complete the dialogue: **ceantar**, **cén**, **chónaí**, **é**, **féin**, **i**, **tusa**.

1 Séamas: _____ áit a bhfuil tú i do chónaí?

2 Eithne: Tá mé i mo _____ i nGaillimh.

3 Séamas: Cén áit a bhfuil _____ i do chónaí?

4 Eithne: _____ gCarna. Seo í Áine. A Áine, is _____ seo Séamas.

5 Áine: Dia dhuit, a Shéamais. Tá mé _____ i mo chónaí i gCarna freisin.

6 Séamas: Is _____ álainn é Carna.

Exercise 3 (Audio 1:14)

In this passage, Tadhg Mac Dhonnagáin, an author and publisher in An Spidéal, discusses one of his songs entitled "Raifteirí san Underground." A translation follows. In this exercise, you need to decide if the word following **i** needs to be eclipsed. You do not need to understand the text to do this exercise. However, Tadhg's translation is provided below.

Rinneadh athscríobh ar dhá dhán atá i _____ (béal) an phobail san amhrán seo. Sin iad "Cill Aodáin" le Antaine Ó Reachtabhra (c. 1784–1832) amhrán molta faoina fhód dúchais i _____ (Contae) Mhaigh Eo agus "Mise Raifteirí an File," dán a leagtaí ar Raifteirí ach go ndéantar amach anois faoi gur i _____ (Meiriceá) a cumadh é i _____ (treo) dheireadh na naoú haoise déag, ag fear darbh ainm Seán Ó Ceallaigh. Tógadh mé fhéin cupla míle ó "Chill Aodáin" – i _____ (mo) ghasúr dom, rith sé liom riamh go mba bhrónach an chaoi nár éirigh le Raifteirí a bhaile dúchais a bhaint amach arís, mar a bhí beartaithe aige san amhrán. I _____ (deireadh) na nochtóidí, tráth ar cumadh an t-amhrán seo, bhí cúrsaí imirce imithe chun donais in Éirinn. Tógadh seachtar gasúr sa teach s'againne – bhí cúigear acu sin faoin tráth sin ina gcónaí i _____ (Londain). San amhrán seo, samhlaítear Raifteirí mar dheoraí Éireannach i _____ (Londain), é ag saothrú cupla pingin mar cheoltóir san Underground, ag brionglóideach faoi Chill Aodáin, ach gan dul ar ais ann riamh é féin.

Two well-known poems were reworked (or ransacked) to make this song: "Cill Aodáin" written by Antoine Ó Reachtabhra (c. 1784–1832) describing his birthplace in East Mayo and "Mise Raifteirí an File" (I am Raifteirí the Poet), popularly attributed to Raifteirí, but now generally believed to have been written in the late nineteenth century, in America, by one Seán Ó Ceallaigh. I grew up a few miles from Raifteirí's birthplace in County Mayo. As a child it always struck me as sad that the poet never managed to make the journey back to the birthplace he had praised so profusely in "Cill Aodáin." In the late 1980s, when this song was written, emigration from Ireland had reached crisis proportions. Out of the seven kids raised in our house, five were then in London. This song imagines Raifteirí as another Irish emigrant in London busking in the Underground, dreaming of going home, but never getting there.

Exercise 4

Use **sa**, **san**, or **sna** to complete each of the following. The placename as it appears on the map is placed in parentheses.

1   Tá mé i mo chónaí _____ Forbacha (Na Forbacha).

2   Tá tú i do chónaí _____ Spidéal (An Spidéal).

3   An bhfuil tú i do chónaí _____ gCabhán (An Cabhán)?

4   Tá mise i mo chónaí _____ Tearmann (An Tearmann).

5   Tá mé i mo chónaí _____ nGearmáin (An Ghearmáin).

6   Tá tú i do chónaí _____ Cealla Beaga (Na Cealla Beaga).

7   An bhfuil tú i do chónaí _____ Iodáil (An Iodáil)?

Exercise 5

Draw a line between the country or region and the adjective used to identify its people.

1 Albain	a. Éireannach
2 An Afraic	b. Gréagach
3 Éire	c. Seapánach
4 An Fhrainc	d. Meiriceánach
5 An Ghearmáin	e. Spáinneach
6 An Ghréig	f. Albanach
7 An Iodáil	g. Francach
8 Meiriceá	h. Síneach
9 An Rúis	i. Rúiseach

10 Sasana	j. Gearmánach
11 An tSín	k. Afracach
12 An tSeapáin	l. Iodálach
13 An Spáinn	m. Sasanach

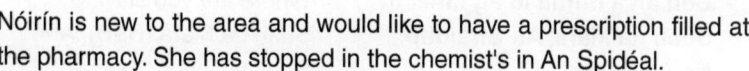

Dialogue 4

Chemist (Audio 1:15)

Nóirín is new to the area and would like to have a prescription filled at the pharmacy. She has stopped in the chemist's in An Spidéal.

Bríd:	Dia dhuit! Céard atá ag teastáil uait?
Nóirín:	Ba mhaith liom oideas a athlíonadh.
Bríd:	Maith go leor. Cén t-ainm atá ort?
Nóirín:	Nóirín Ní Fhlatharta.
Bríd:	Cén seoladh atá agat, a Nóirín?
Nóirín:	Troscadh na gCapall, An Spidéal, Contae na Gaillimhe.
Bríd:	Cén áit sa Spidéal a bhfuil sé sin?
Nóirín:	Tá sé in uachtar Bhaile an tSagairt.

Bríd:	Hello! What do you need?
Nóirín:	I would like to have a prescription refilled.
Bríd:	Good enough. What's your name?
Nóirín:	Nóirín Ní Fhlatharta.
Bríd:	What's your address, Nóirín?
Nóirín:	Troscadh na gCapall, An Spidéal, County Galway.
Bríd:	Where in An Spidéal is that?
Nóirín:	It is in upper Baile an tSagairt.

2.7 Seoladh (Audio 1:16)

To ask someone what their address (**seoladh**) is, you can say **Cén seoladh atá agat?** The answer to this question can just be the address, **26 Bóthar an Chillín, An Cheathrú Rua, Contae na Gaillimhe.** You can also prefix **Is ea** to your response, **Is ea 26 Bóthar an Chillín, An**

Cheathrú Rua, Contae na Gaillimhe. You may also be asked **Cén áit a bhfuil tú i do chónaí?** as we saw in the first part of this chapter. If you are on holiday in the Gaeltacht, someone might ask you **Cén áit a bhfuil tú ag fanacht?** to find out your holiday address.

Cén seoladh atá agat?	What is your [sing.] address?
13 Sráid na Siopaí, Cathair na Gaillimhe.	13 Shop Street, Galway City.
Cén áit a bhfuil tú i do chónaí?	Where do you live?
An Tulaigh, Baile na hAbhann, Contae na Gaillimhe.	An Tulaigh, Baile na hAbhann, County Galway.
Cén áit a bhfuil tú ag fanacht?	Where are you staying?
Suan na Mara, An Straidhp, Na Forbacha, Contae na Gaillimhe.	Suan na Mara (B&B), An Straidhp, Na Forbacha, County Galway.

2.8 The preposition *ag* (Audio 1:17)

We have already seen the singular and plural forms of two prepositions with personal pronouns, **dhuit/dhaoibh** and **ort/oraibh**. The preposition **ag** means "at." It combines with personal pronouns to make the following forms – **agam** "at me," **agat** "at you," **aige** "at him," **aici** "at her," **againn** "at us," **agaibh** "at you," and **acu** "at them." Hence, the plural form of "at you" is **agaibh**. As a result, you would say **Cén seoladh atá agaibh?** if you were addressing several people from the same house.

Cén uimhir fóin atá agat?	What is your [sing.] phone number?
Cén uimhir fóin atá agaibh?	What is your [plur.] phone number?
Go raibh maith agat!	Thank you [sing.].
Go raibh maith agaibh!	Thank you [plur.].

2.9 Where is that? (Audio 1:18)

Once someone indicates their address, you may need further clarification to determine where that is. The expression **Cén áit a bhfuil sé sin?** or, for short, **Cén áit sé sin?** "Where is that?" may be helpful. Expressions needed to answer the question include **ar** "on," **i** "in," **in aice le** "next to," **gar do** "near," and **cúpla ciliméadar ó** "a few kilometers from."

Note that Ireland has only recently completed its adoption of kilometers. One may still hear **cúpla míle ó** "a few miles from."

Cén áit sa Spidéal a bhfuil sé sin?	Where in An Spidéal is that?
Tá sé ar Bhóthar Mhaigh Cuilinn.	It is on the Maigh Cuilinn Road.
Tá sé i mBaile an tSagairt.	It is in Baile an tSagairt [street/area].
Tá sé in aice le Tigh Hughes.	It is next to Tigh Hughes [pub].
Tá sé gar don leabharlann.	It is near the library.
Tá sé cúpla ciliméadar ón sráidbhaile.	It is a few kilometers from the village.

2.10 Prepositions followed by *an*

The prepositions (**réamhfhocail**) **i**, **le**, **do**, and **ó** which we saw above react differently when combined with the definite article **an**. **I** combines with **an** to produce **sa** (**san** before vowels and **f** followed by a vowel), **le** changes to **leis** before **an**, **do** combines with **an** to produce **don**, and **ó** becomes **ón**.

Cén áit sa Spidéal a bhfuil sé sin?	Where in An Spidéal is that?
Tá sé cúpla ciliméadar ón mBóthar Buí.	It is a few kilometers from An Bóthar Buí.
Tá sé gar don chéibh nua.	It is near the new pier.
Tá sé in aice leis an siopa.	It is near the shop.

Exercise 6

Fill the blank with a word from the list: **áit**, **agat**, **Sráid**, **Cathair**, **Cheathrú**, **chónaí**, **Contae**, **Gaillimhe**, **Maigh**, **seoladh**.

1 Q: Cén _____ a bhfuil tú ag fanacht?

   A: An Bóthar Buí, An _____ Rua, Contae na Gaillimhe.

2 Q: Cén áit a bhfuil tú i do _____ ?

   A: An Cnoc, Indreabhán, Contae na _____.

3 Q: Cén _____ atá agat?

   A: Is ea 13 _____ na Siopaí, _____ na Gaillimhe.

4 Q: Cén seoladh atá _____?

   A: 186 An Cnocán Rua, Bóthar an Spidéil, _____ Cuilinn, Contae na Gaillimhe.

Exercise 7

Use the correct form of the prepositions/personal pronouns combinations in parentheses.

1 Dia _____, a Shéamais. (dhuit/dhaoibh)

2 Nollaig Shona _____, a Sheáin agus a Mháirín. (dhuit/dhaoibh)

3 An bhfuil áthas _____, a Chathail agus a Eoin? (ort/oraibh)

4 An bhfuil ocras _____, a Áine? (ort/oraibh)

5 Cén uimhir fón atá _____, a Mhichíl? (agat/agaibh)

6 Go maith, go raibh maith _____, a Bhreandáin, a Eilís, agus a Phóilín. (agat/agaibh)

7 Cén seoladh atá _____, a Mhairéad? (agat/agaibh)

Exercise 8

Cén áit a bhfuil sé sin? "Where is that?" The **siopa** "shop" marked 8 is a Spar grocery store. Answer all your questions as if you were at this shop. Use the expressions **ar**, **i**, **in aice le**, **gar do**, and **cúpla ciliméadar ó** as needed. Another helpful expression would be **ar an taobh eile den bhóthar** "on the other side of the road." E.g.: Cén áit a bhfuil an bád go hÁrainn? Tá sé cúpla ciliméadar ón siopa.

1 Cén áit a bhfuil an bhialann?

2 Cén áit a bhfuil an séipéal?

3 Cén áit a bhfuil an bhunscoil?

4 Cén áit a bhfuil Áras Pobail Chois Cuain?

5 Cén áit a bhfuil na tithe lóistín?

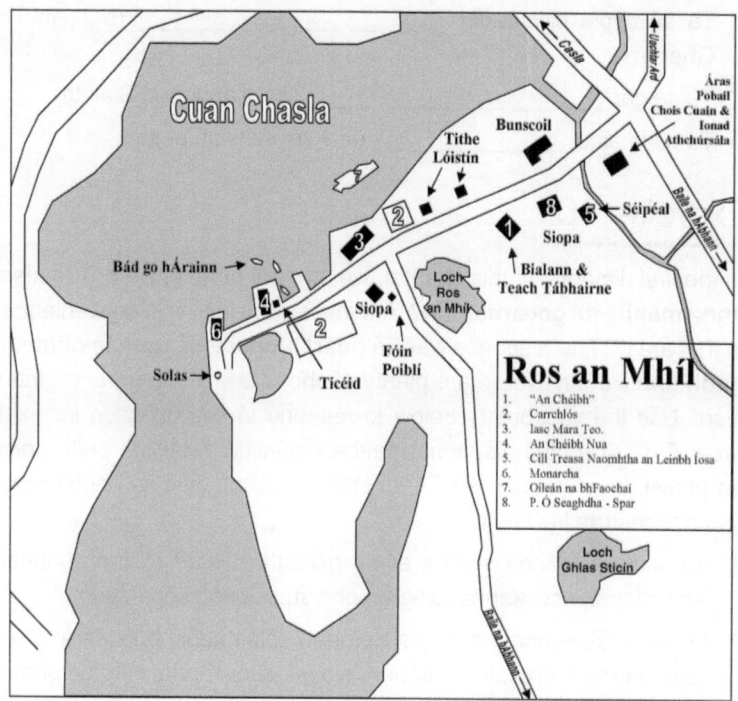

Map © Ó híde 2007

Exercise 9

Make the appropriate changes to prepositions that are followed by **an** or **na**.

1 Tá sé cúpla ciliméadar _____ _____ _____ (ó + An Trá Bháin)

2 Cén áit _____ _____ a bhfuil sé sin? (i + Na Forbacha)

3 Tá sé in aice _____ _____ _____ (le + an séipéal)

4 Tá sé gar _____ _____ (do + an bunscoil)

5 Cén áit _____ _____ a bhfuil sé sin? (i + an leabharlann)

6 Tá sé cúpla ciliméadar _____ _____ _____ (ó + An Trá Gheal)

7 Tá sé gar _____ _____ _____ (do + an Ionad Sláinte)

8 Tá sé in aice _____ _____ (le + an stáisiún peitril)

Exercise 10

In the first dialogue of this chapter, we saw the phrase, **An bhfuil áiseanna maithe sa gceantar sin?** "Are there good facilities/ conveniences in that area?" The response was **Tá neart siopaí ann agus tá ollmhargadh ann freisin** "There are plenty of shops and a supermarket there also." Use the vocabulary below to respond to this question for each area. E.g., An bhfuil áiseanna maithe i gCasla? (stáisiún peitril, oifig an phoist, teach tábhairne): Tá, tá stáisiún peitril, oifig an phoist, agus teach tábhairne i gCasla.

1 An bhfuil áiseanna maithe ar an gCeathrú Rua? (óstan, leabharlann, siopaí, scoileanna, oifig an phoist, séipéal, cógaslann)

2 An bhfuil áiseanna maithe sa Spidéal? (bláthadóir, búistéara, gruagaire, ionad sláinte, leabharlann, siopaí, scoileanna, oifig an phoist, séipéal, stáisiún peitril, cógaslann)

3 An bhfuil áiseanna maithe i Ros an Mhíl? (bunscoil, tithe lóistín, siopa, séipéal, teach tábhairne, bialann)

Vocabulary

bialann	restaurant	**oifig an phoist**	post office
bláthadóir	florist	**scoileanna**	schools
búistéara	butcher	**séipéal**	chapel
bunscoil	primary school		(Catholic church)
cógaslann	pharmacy	**siopaí**	shops
gruagaire	hairdresser	**stáisiún peitril**	petrol (gas) station
ionad sláinte	health center	**teach tábhairne**	tavern (pub)
leabharlann	library	**tithe lóistín**	holiday homes
óstán	hotel		

2.11 Pronunciation (Audio 1:19)

Some preposition and personal pronoun combinations are contracted in the pronunciation of Cois Fharraige. While pronouncing **agam** and **agat** as they are spelled will be understood (/agəm/ and /agət/), locally, one will hear the contracted /am/ and /ad/. While you can pronounce these preposition/pronoun combinations in the contracted form as one does in Cois Fharraige, you would only see these forms written in the standard spelling, **agam** and **agat**.

Exercise 11

In the dialogue above, the individual gave her address to have a prescription refilled. One of the Irish-language organizations is called Conradh na Gaeilge. Here is a membership form. Read the form and fill in information about yourself.

Conradh na Gaeilge

FOIRM CHLÁRAITHE

Ainm an Bhaill Aonair:

_____

Contae/Tír:

_____

Athchlárú: [ ]   **Clárú don chéad uair:** [ ]
(cuir tic)   *(cuir tic)*

Sonraí	
Ainm:	
Seoladh:	
Fón póca:	
Ríomhphost:	

Síniú: _____ *Dáta:* _____

* *Is ga táille chleamhnachta de €20 a íoc leis an mBall Aonair a athchlárú nó leis an mBall Aonair a chlárú leis an gConradh don chéad uair.*

Modhanna Íocaíochta:

1. Le Seic/Mionairgead: Seolaim chugat táille ballraíochta €20 : _____
2. Le Cárta Creidmheasa: Cuir glaoch ar an Ard-Oifig.

Vocabulary

athchlárú	re-register	**fón póca**	cell phone
ball aonair	individual member	**ríomhphost**	e-mail
		seoladh	address
céad uair	first time	**síniú**	signature
clárú	registration	**sonraí**	details
contae	county	**tír**	country
dáta	date		

Grammar note

In Units 1 and 2 we have seen the lenited forms of **do** (**dhom**, **dhuit**, etc.). These are the forms most often used in speech in Cois Fharraige. The unlenited forms of **do** (**dom**, **duit**, etc.) may be heard in some of the other Gaeltacht areas, and are much used in written Irish.

Unit 3
Ag caint faoin teaghlach
Talking about the family

In this unit we will look at:

- talking about your marital status
- speaking about your brothers and sisters
- talking about children
- introducing your family members to others
- using personal numbers

Dialogue 5

The playgroup (Audio 1:20)

Cóilín and Deirdre meet at an Irish-language playgroup which their children are attending in Cois Fharraige.

Cóilín:	Haigh, an dtagann tú go dtí an grúpa spraoi seo 'chuile choicís?
Deirdre:	Tagann. An é sin do mhac?
Cóilín:	'Sé. Is é seo mo mhac Dara. Tá sé dhá bhliain d'aois.
Deirdre:	Chas mé ar Dhara uair amháin cheana. Dia dhuit, a Dhara. Tá beirt agamsa anseo, Mícheál atá sa gcúinne ansin agus seo í m'iníon Siubhán.

DOI: 10.4324/9781003208587-4

Cóilín:	Dia dhuit, a Shiubhán. Tá deartháir ag Dara ach tá sé sa mbunscoil anois. An bhfuil aithne agat ar mo bhean?
Deirdre:	Chonaic mé í anseo cúpla uair le do mhac Dara. Tá sibh ag súil le páiste eile, nach bhfuil?
Cóilín:	Tá. Tá mo bhean ag coinneáil go maith an babhta seo. Ó, feicim go bhfuil mo mhac ag caoineadh. Feicfidh mé céard atá ag tarlú ansin, gabh mo leithscéal.
Deirdre:	Tá tú ceart go leor. Tá sé in am do Mhícheál agus do Shiubhán dul abhaile. Feicfidh muid sibh am eicínt eile.
Cóilín:	Hi, do you come to this playgroup every two weeks?
Deirdre:	I do. Is that your son?
Cóilín:	Yes. This is my son Dara. He is two years old.
Deirdre:	I met Dara once already. Hello, Dara. I have two [children] here, Mícheál who is in the corner there and here is my daughter Siubhán.
Cóilín:	Hello, Siubhán. Dara has a brother but he is at the primary school now. Do you know my wife?
Deirdre:	I saw her here a couple of times with your son Dara. You are expecting another child, aren't you?
Cóilín:	Yes. My wife is getting along well this time. Oh, I see that my son is crying. I will see what is happening there, excuse me.
Deirdre:	You are okay. It is time for Mícheál and Siubhán to go home. We will see you some other time.

3.1 Talking about your marital status
(Audio 1:21)

You can ask someone if they are married by saying, **An bhfuil tú pósta?** A simple response of **Tá** or **Níl** is appropriate. You can provide further information about your current marital status by saying **Tá mé**

_____ with vocabulary such as **pósta** "married," **singil** "single," **scartha** "separated," or **colscartha** "divorced." To indicate that someone is widowed, which requires a classification sentence, you would use **Is baintreach í** "She is a widow" or **Is baintreach fir é** "He is a widower."

An bhfuil tú pósta?	Are you married?
Nílim. An bhfuil tú féin pósta?	No. Are *you* married?
Tá mé singil.	I am single.
Tá Treasa scartha.	Treasa is separated [from her husband].
Is baintreach fir é.	He is a widower.
Tá mé in aontíos le duine eicínt.	I am living with someone.
Tá mé in aontíos le mo pháirtí.	I am living with my partner.

3.2 Talking about children

To ask people if they have children, you can say **An bhfuil páistí agat?** "Do you have children" or **An bhfuil clann agat?** "Do you have a family?" Remember, if you are asking the mother and father about their children, you would use **agaibh** at the end instead of **agat**. To indicate that someone is pregnant, you can say **Tá sí ag súil le páiste** "She is expecting a child."

An bhfuil páistí agat?	Do you have children?
Tá, tá páistí agam.	Yes, I have children.
An bhfuil clann agaibh?	Do you [plur.] have children?
Níl clann againn.	We don't have children.
Tá siad ag súil le páiste.	They are expecting.

3.3 Irish culture

Referring to children

Warning sign near a school indicating that children are crossing.
Photo by Tomás Ó híde.

There are several terms used to refer to children in Irish. The term "baby" in English has been adopted into Irish as **babaí** and **baibín**. **Baibín** is commonly used in Cois Fharraige. **Leanbh** is also widely used in Irish. It is pronounced as two syllables, with the "uh" or schwa (ə) sound between the *n* and *b*. The word "infant" in Irish English means a young child. The Irish word for infant in this sense is **naíonán**. This term is used widely for children aged five to six in schools.

In Cois Fharraige, **gasúr** is the common term one hears to refer to a child of either gender. The term most likely has its origin in Norman French. Similar terms also exist in the English of Ireland and can often be heard in the speech of older English speakers. It appears in Anglo-Irish literature as "gossoon," among other spellings. The words **páiste**, **páistín**, and **leanbán** are also occasionally used in Irish when referring to young children.

The term **clann** refers to one's children as in the next dialogue, **An bhfuil praghas speisialta agaibh do chlann?** Although both the words **clann**, **teaghlach**, and **muirín** are translated into English as "family," **clann** refers to the children only while **teaghlach** and **muirín** refer to all those in the household.

3.4 Expressing possession

We have already seen expressions with **agat** in Unit 2 including **Cén uimhir fóin atá agat?** and **Cén seoladh atá agat?** You are beginning to see how the **tá** verb and the **ag** preposition can be used to express ownership or possession. In the above dialogue, we see **ag** with this meaning used in the following sentences: **Tá beirt agamsa anseo** "I have two here." and **Tá deartháir ag Dara** "Dara has a brother."

Céard atá agat?	What do you have?
Tá deirfiúr amháin agam.	I have one sister.
Tá seoladh nua agam.	I have a new address.
Cé mhéad páiste atá agat?	How many children do you have?

3.5 Forms of the *tá* verb (Audio 1:22)

We have already seen several forms of the **tá** verb "to be." In the above dialogue, we see two forms that have not previously been explained, **atá** and **bíonn**. We first saw **atá** in Unit 1 with phrases like **Máire atá ormsa** and **Cén t-ainm atá ort?** In this unit we see **Mícheál atá sa gcoirnéal ansin** in the dialogue. The **atá** is a combination of **a** and **tá** meaning "it is," "that is," "which is," or "who is."

Bíonn, as seen in the above dialogue, is the habitual form of **tá**. **Bíonn** could be translated to mean "is usually" or "is habitually."

Bíonn nuacht as Gaeilge le fáil ar an raidió.	Irish-language news is [usually] available on the radio.
Bíonn nuacht le fáil ag a seacht a chlog ar TG4 freisin.	News is [usually] available at seven o'clock on TG4 also.

Exercise 1

Fill in the blank with the best choice of word: **baintreach fir**, **pósta**, **scartha**, **singil**

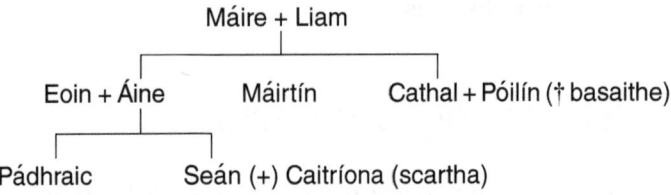

Máire + Liam

Eoin + Áine   Máirtín   Cathal + Póilín († basaithe)

Pádhraic   Seán (+) Caitríona (scartha)

1 Tá Máire _____.
2 Tá Máirtín _____.
3 Is _____ é Cathal.
4 Tá Áine _____.
5 Tá Pádhraic _____.
6 Tá Caitríona _____.

Note: **Pádhraic**, a man's name, can be heard in Cois Fharraige. **Pádraig** is the standard spelling of the name **Pádhraic**.

Exercise 2

Complete the dialogue with these words: **agaibh**, **againn**, **agam**, **níl**, **páiste**, **páistí**, **tú**

PÓL: An bhfuil _____ agat, a Thomáis?
TOMÁS: Tá, tá páistí _____. Agus _____ féin?
PÓL: _____, níl páistí agam.
PEIG: An bhfuil clann _____, a Ghráinne agus a Sheosaimh?
GRÁINNE: Níl clann _____ fós. Tá muid ag súil le _____.
PEIG: Bail ó Dhia oraibh!

Exercise 3

The following words referring to children have been jumbled. In the process of unscrambling them, you will become more familiar with the spellings of these words and letter sequences in Irish.

1 atelchagh

2 lnanc

3 babía

4 iápest

5 onánnía

6 íbabni

7 gaúrs

8 nbleah

9 áenlanb

Exercise 4

Combine the preposition **ag** with the indicated personal pronoun to indicate possession.

1 Cén uimhir fóin atá _____?	ag + tú
2 Céard atá _____?	ag + sibh
3 Tá beirt _____ anseo.	ag + mé
4 Cén seoladh atá _____?	ag + sibh
5 Tá seoladh nua _____.	ag + tú
6 Tá deirfiúr _____.	ag + mé
7 Cé mhéad páiste atá _____?	ag + sibh
8 Tá deartháir amháin _____.	ag + mé

Exercise 5

Use **bíonn**, **is**, or **tá** in each blank. An English translation follows.

1 _____ clár ceoil ag Gráinne Ní Dhomhnaill ar Raidió na Gaeltachta.

2 _____ amhráin de gach uile shórt ar chlár Ghráinne.

3 _____ as Conamara í Gráinne.

4 _____ clár Ghráinne ar an aer gach maidin ag leathuair tar éis a sé.

5 _____ sé le fáil ar an raidió in Éirinn agus ar an Idirlíon ar fud an domhain.

6 _____ ceol agus an nuacht ar gach clár.

7 _____ Gráinne i gcónaí ag caint faoin aimsir in Éirinn.

1 Gráinne Ní Dhomhnaill has a music program on Raidió na Gaeltachta.
2 Songs of every type are on Gráinne's program.
3 Gráinne is from Connemara.
4 Gráinne's program is on the air each morning at half past six.
5 It is available on the radio in Ireland and on the Internet throughout
  the world.
6 Music and the news are on each program.
7 Gráinne is always talking about the weather in Ireland.

Dialogue 6

The library (Audio 1:23)

Gráinne is talking with the librarian, Peigí, in the library in An Spidéal.

Gráinne:	Dia dhuit.
Peigí:	Dia is Muire dhuit.
Gráinne:	An féidir liom cárta leabharlainne a fháil? Tá muid ar saoire agus ní bheidh muid ach trí seachtaine sa Spidéal.
Peigí:	Is féidir, cinnte. Tá cúig euro ar an mballraíocht. Beidh tú in ann leabhra a thabhairt abhaile agus úsáid a bhaint as na ríomhairí.
Gráinne:	Tá triúr gasúr agam. An bhfuil praghas speisialta agaibh do chlann?
Peigí:	Níl. Tá cúig euro ar bhallraíocht do dhuine fásta. Tá dhá euro ar bhallraíocht do mhic léinn agus tá sé saor in aisce do pháistí óga. An bhfuil d'fhear céile libh sa Spidéal?
Gráinne:	Níl. Is baintreach mé. Fuair m'fhear céile bás dhá bhliain ó shin agus is é seo an chéad uair go bhfuil mise agus mo chlann ar saoire le chéile ó shin.

Peigí:	Bail ó Dhia oraibh. Tá súil agam go mbainfidh sibh taitneamh as bhur saoire anseo.
Gráinne:	Hello.
Peigí:	Hello.
Gráinne:	Can I get a library card? We are on vacation and we will be in An Spidéal for only three weeks.
Peigí:	You can, sure. The membership is five euros. You will be able to take books home and make use of the computers.
Gráinne:	I have three children. Do you have a special price for a family?
Peigí:	No. Membership for adults is five euros. Membership for students is two euros, and it is free for young children. Is your husband with you in An Spidéal?
Gráinne:	No. I am a widow. My husband died two years ago and this is the first time that my children and I are on vacation since.
Peigí:	God bless you [literally, "Prosperity from God on you"]. I hope that you enjoy your vacation here.

3.6 Counting people (Audio 1:24)

We have already seen numbers when indicating ages and phone numbers. We now look at another set of numbers, those for counting people.

duine amháin	one person
beirt	two people
triúr	three people
ceathrar	four people
cúigear	five people
seisear	six people
seachtar	seven people
ochtar	eight people
naonúr	nine people
deichniúr	ten people
aon duine dhéag	eleven people
dháréag	twelve people

Numbers over twelve are patterned on the phrase for "eleven people."

3.7 Asking how many children someone has

To ask how many children someone has, you can say **Cé mhéad páiste atá agat?** (**Cé mhéad?** "What amount?") The response can simply be a personal number.

Cé mhéad páiste atá agat?	How many children do you have?
Triúr.	Three.
Páiste amháin.	One child.
Tá beirt agam.	I have two.
Níl páiste ar bith agam.	I don't have any children.

3.8 Inquiring about brothers and sisters (Audio 1:25)

Similar to asking about children, we can also use **cé mhéad** to ask about siblings. The word for brother is **deartháir** and the word for sister is **deirfiúr**. Note that the singular form of a noun follows **cé mhéad**.

Cé mhéad deartháir atá agat?	How many brothers do you have?
Beirt.	Two.
Cé mhéad deirfiúr atá agat?	How many sisters do you have?
Triúr. Is leasdeirfiúracha iad.	Three. They are stepsisters.
Cé mhéad deartháir is deirfiúr atá agat?	How many brothers and sisters do you have?
Tá beirt dheartháir agus deirfiúr amháin agam.	I have two brothers and one sister.
Níl deartháir ná deirfiúr agam.	I have neither a brother nor a sister.

"Tá beirt dheartháir agus deirfiúr amháin agam" is the Cois Fharraige version of "Tá beirt deartháir agus deirfiúr amháin agam." In standard Irish we do not lenite the D after "beirt."

3.9 Introducing your family members to others (Audio 1:26)

In the first dialogue of this unit we see **Is é seo mo mhac Dara** "This is my son Dara." A shorter form of this would be **Seo é mo mhac Dara** "This is my son Dara." We saw this in the dialogue of the first unit, **Seo é mo mhac Seán**. To introduce other family members, just adjust the pronoun **é** as needed to reflect gender and number and insert the noun indicating the family relation.

Seo í m'iníon Eilís.	This is my daughter Elizabeth.
Seo é mo mhac Mícheál.	This is my son Michael.
Seo iad mo thuismitheoirí.	These are my parents.

We can also introduce family members by asking if someone knows them.

An bhfuil aithne agat ar mo dheartháir?	Do you [sing.] know my brother?
An bhfuil aithne agaibh ar mo dheirfiúr?	Do you [plur.] know my sister?

We saw the phrase **An bhfuil aithne agat ar mo bhean?** "Do you know my wife?" in the first dialogue in this unit. **Aithne** is the word we use for knowing people, for being acquainted with someone.

Exercise 6

Below are basic numbers used for counting things as learned in the first unit of the book. For each number, give the number form used for counting people. The first one is done for you. E.g. trí → triúr

1 ocht

2 naoi

3 cúig

4 seacht

5 ceithre

6 sé

Exercise 7

Fill the blanks below with these words: **air**, **againn**, **atá**, **cé**, **cén**, **mac**, **mhéad**, **páiste**.

1 Máire: Cé _____ páiste atá agat?

2 Áine: _____ amháin.

3 Máire: _____ t-ainm atá air?

4 Áine: Séamas atá _____.

5 Seán: _____ mhéad páiste atá agaibh?

6 Niall agus Fionnuala: Tá beirt _____.

7 Séan: Cén t-ainm _____ orthu?

8 Fionnuala: Aoife atá ar ár n-iníon agus Ciarán atá ar ár _____.

 ## Exercise 8

1 Cé mhéad deartháir atá agat?

2 Cé mhéad deirfiúr atá agat?

3 Cé mhéad deartháir is deirfiúr atá agat?

 ## Exercise 9

The words in the following sentences have been mixed. Place them in the correct order.

1 m'iníon seo Ciara í.
2 dheartháir bhfuil ar aithne an agat mo?
3 é seo mo Eoin mhac.
4 aithne an bhfuil ar mo dheirfiúr agat?
5 mo seo thuismitheoirí iad.

3.10 Talking about your family

(Audio 1:27)

While we have used the expressions **m'fhear céile** "my husband"
and **mo bhean chéile** "my wife" above, traditionally just **m'fhear** "my
husband" (literally, "my man") and **mo bhean** "my wife" (literally, my
woman") were used and continue to be heard in less formal settings.
Also note that **tuistí** "parents," although it looks like a shortened ver-
sion of **tuismitheoirí**, is actually the older of the two words, an Old/
Middle Irish term revived in the twentieth century. However, **tuismi-
theoirí** would still be the most widely understood word for "parents."
The informal versions of **máthair** "mother" and **athair** "father" are
mama and **deaide**.

Exercise 10

As a final review of the family vocabulary from this chapter, draw a line
from the Irish term to the English term.

1 bean chéile   brother

2 mac   sister

3 tuismitheoirí   son

4 deartháir   daughter

5 máthair   husband

6 fear céile   wife

7 deirfiúr   father

8 iníon   mother

9 athair   parents

3.11 Pronunciation (Audio 1:28)

The lenited consonant *b* has two possible pronunciations when at the beginning of a word. *Bh* is pronounced similar to "v" when it comes before *e* or *i*. The phonetic symbol in your dictionary for this is /v´/. Examples from this chapter with this slender sound include **mo bhean** "my woman," **dhá bhliain** "two years," and **ní bheidh** "it will not be." The other pronunciation with the initially lenited *b* is the *w* sound. This happens when *bh is* followed by *a, o*, or *u*. Examples of words with the broad *bh* sound include **an bhfuil** (interrogative), **úsáid a bhaint** "to make use of," and **ar bhallraíocht** "on membership." An exception seen in this chapter is **bhur**, the pronoun meaning "your" (plural). Note that this vocabulary word is always lenited and is pronounced with the "v"-like pronunciation.

 ## Exercise 11

The following exercise is based on the 2016 Census form, which was available in both Irish and English. Respond to the questions using personal information about yourself.

---

1 Cén t-ainm atá ort? (Céad ainm agus sloinne)

_____

2 Gnéas   ☐ Fireann   ☐ Baineann

3 Céard é do dháta breithe?

Lá   Mí   Bliain

_ _   _ _   _ _ _ _

4 Céard é do stádas pósta reatha? (Freagair má tá tú 15 bliana d'aois nó níos sine)

☒ i mbosca amháin.

☐ Singil ☐ Pósta (an chéad phósadh) ☐ Athphósta ☐ I bpáirtnéareacht chomhghné is cláraithe ☐ Scartha ☐ Colscartha ☐ Baintreach

5 Cé mhéad páistí atá agat?

☐ _____ ☐ Duine ar bith

Vocabulary

athphósta	remarried	**scartha**	separated
baineann	female	**luaigh**	mention
bosca	box	**má**	if
céad ainm	first name	**náisiúntacht**	nationality
céad phósadh	first marriage	**níor phós riamh**	never married
díobh	of them	**níos mó ná**	more than
duine ar bith	none, no one	**níos sine**	older
eile	other	**nó**	or
fireann	male	**pósta**	marital
freagair	answer	**reatha**	current
gach ceann	each one	**sloinne**	last name
gan	without	**sonraigh**	specify
gnéas	sex	**stádas**	status

Unit 4
Ag lorg eolais faoi lóistín

Seeking information about lodgings

In this unit we will look at:

- talking about living quarters and the contents of rooms
- asking about number and location of rooms
- talking about where one is staying
- specifying rent arrangements and satisfaction with accommodation
- using the definite article

Dialogue 7

Renting a holiday home in the Gaeltacht (Audio 1:29)

Éamonn has walked into the auctioneer's office (real estate agent) to inquire about the possibility of renting a house in Indreabhán.

Máirín:	Dia dhuit! Fáilte romhat isteach.
Éamonn:	Ba mhaith liom teach a thógáil ar cíos ar feadh seachtaine i mí Aibreáin.
Máirín:	Cé mhéad seomra codlata atá uait?
Éamonn:	Péire.
Máirín:	Bhuel, tá ceann ar an gCnoc in aice leis an séipéal. Tá trí sheomra codlata, cisteanach agus seomra suite ann.

DOI: 10.4324/9781003208587-5

Éamonn:	An bhfuil teilifís agus inneall níocháin ann?
Máirín:	Níl aon inneall níocháin ann ach tá teilifís ann.
Éamonn:	Beidh sé sin ceart go leor.
Máirín:	Hello! Welcome.
Éamonn:	I would like to rent a house for a week in the month of April.
Máirín:	How many bedrooms do you need?
Éamonn:	Two.
Máirín:	Well, there is one in An Cnoc next to the church. There are three bedrooms, a kitchen, and a living room.
Éamonn:	Is there a television and a washing machine?
Máirín:	There isn't a washing machine but there is a television.
Éamonn:	That will be okay.

4.1 The house (Audio 1:30)

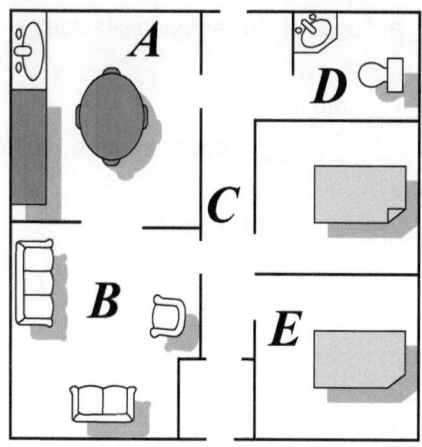

A. an chisteanach
B. an seomra suite
C. an halla
D. an leithreas
E. an seomra codlata

In Connacht and Ulster, **cisteanach** is used for "kitchen." Note that in Munster and standard Irish, kitchen is **cistin**. By extension, the scullery is the **cúlchistin** or **cúlchisteanach**, literally "back kitchen." The term for "pantry" is **pantrach**. **Seomra suite** is the sitting room. The term **seomra suí** "sitting room" can also be seen. For a larger room, the term **seomra teaghlaigh** "family room" can also be used. In addition to **seomra codlata** "sleeping room," one can also say **seomra leapa** "bedroom" in Irish. **An leithreas** literally denotes "the toilet" or "the lavatory." A full bathroom is called a **seomra folctha**, where one can bathe or shower. Here are some additional terms:

áiléar	attic
seomra staidéir	study
oifig	office
siléar	cellar

Exercise 1

Fill in the blank with the best word from the list: **cisteanach**, **codlata**, **inneall**, **teach**.

1 Ba mhaith liom _____ a thógáil ar cíos ar feadh seachtaine i mí Aibreáin.

2 Cé mhéad seomra _____ atá uait?

3 Tá trí sheomra codlata, _____ agus seomra suite ann.

4 An bhfuil teilifís agus _____ níocháin ann?

4.2 Irish culture

The Irish traditional home

An Spidéal, in the middle of the village.

Photo by Tomás Ó hÍde.

In the 1841 Census, nearly half of the homes in the Cois Fharraige area and every four out of five homes further west in Connemara were single-room mud cabins. This single room would have served the purposes of a kitchen (hearth), sitting room, and bedroom. The traditional cottage of 100 years ago, of which many examples remain, included two to three rooms. An example of this would be a cottage that has a combination family room/kitchen in the larger center room with bedrooms off to one side and the other. A loft over the family room/kitchen could provide additional sleeping space for children. In later years, as indoor plumbing, cookers (stoves), and refrigerators became more popular, bathrooms and sculleries were added to the backs of many of these cottages. While thatched cottages remain symbolic of traditional Ireland, most homes now in Cois Fharraige and Ireland as a whole are quite modern, with all the comforts one can imagine. As a result, some traditional cottages have been restored with modern conveniences and are rented out to tourists to give them a nostalgic experience of Ireland in times gone by.

4.3 Asking about the number of rooms (Audio 1:31)

To ask how many rooms a house has, we can say **Cé mhéad seomra atá ann?** "How many rooms are there?" or **Cé mhéad seomra sa teach?** "How many rooms are in the house?" To ask specifically about how many bedrooms there are, ask **Cé mhéad seomra codlata atá ann?** "How many bedrooms are there?" or **Cé mhéad seomra codlata sa teach?** "How many bedrooms are in the house?" As we saw in the last unit (**Cé mhéad páiste atá agat?**), note that the noun following **cé mhéad** is in the singular form, **seomra** "room." One could answer by simply saying the number of rooms: **seomra amháin** "one room," **dhá sheomra** "two rooms," **trí sheomra** "three rooms," and so on. Most nouns use the singular form after all numbers.

Doras	"door"	**Fuinneog**	"window"
doras amháin	one door	**fuinneog amháin**	one window
dhá dhoras	two doors	**dhá fhuinneog**	two windows
trí dhoras	three doors	**trí fhuinneog**	three windows
ceithre dhoras	four doors	**ceithre fhuinneog**	four windows
cúig dhoras	five doors	**cúig fhuinneog**	five windows
sé dhoras	six doors	**sé fhuinneog**	six windows
seacht ndoras	seven doors	**seacht bhfuinneog**	seven windows
ocht ndoras	eight doors	**ocht bhfuinneog**	eight windows
naoi ndoras	nine doors	**naoi bhfuinneog**	nine windows
deich ndoras	ten doors	**deich bhfuinneog**	ten windows

Note that the numbers two to six cause the following noun to lenite and nouns following the numbers seven to ten are eclipsed.

Another way to answer the question about how many rooms would be to use the word **ceann** (literally "head") to say "one of them," "two of them," and so on. **Ceann** is an exception to the rule of singular nouns being used with numbers. **Cinn** (heads) is used with three and more. Also note that **cinn** is not lenited after the numbers three to six.

ceann amháin	one
dhá cheann	two
trí cinn	three
ceithre cinn	four
cúig cinn	five
sé cinn	six
seacht gcinn	seven
ocht gcinn	eight
naoi gcinn	nine
deich gcinn	ten

4.4 Furniture and appliances
(Audio 1:32)

Below is a list of vocabulary for items found in the house. The items are listed with the article **an**.

Vocabulary

an báisín	the washbasin (bathroom sink)		located)
		an cuisneoir	the refrigerator
an bord	the table		
an cithfholcadh	the shower	**an doirteal**	the sink (kitchen/ laundry room sink)
an cócaireán	the cooker (large stove)		
an cófra	the closet	**an drisiúr**	the dresser (kitchen furniture)
na tarraiceáin	the (chest of) drawers (bedroom furniture)		
		an leabhragán	the bookshelf
		an prios	the press (cupboard/ cabinet)
an prios te	the hot press (cabinet where water-heater is		
		an ríomhaire	the computer
		an ruga	the rug

an scáthán	the mirror	an teallach	the hearth (fireplace)
an sorn	the stove, range	an teasaire	the radiator (heater)
an staighre	the stairs	an folcadán	the bath tub

4.5 Using the article with nouns
(Audio 1:33)

In English, articles are "a," "an," and "the." Irish only has the equivalent of "the" which is **an**. This is called the definite article. **An** can cause the noun that follows it to lenite or add a *t*. Nouns in Irish are either masculine or feminine. When **an** comes before a masculine noun that begins with a consonant, there is no change in the initial spelling or pronunciation. All of the nouns in the list above were masculine and as a result, you see no lenition. However, masculine nouns that begin with a vowel prefix a *t*- as in **an t-oigheann micreathonnach** "the microwave oven" (called **micreathonnán** for short). Feminine nouns are lenited if possible, as in **an chisteanach**. Feminine nouns that begin with a vowel have no change as in **an eochair** "the key." Lastly, in feminine nouns, a *t* is prefixed to words that begin with *s* (except words beginning in *sc*, *sp*, and *st*). So "street," which is feminine in Irish, is **an tsráid** with the article. One does not pronounce the *s*, but just the *t*. **Scian** "knife," which is also feminine, begins with *sc* and is therefore not prefixed by *t* when used with the article, **an scian**.

cathaoir	an chathaoir	the chair
fuinneog	an fhuinneog	the window
óstán	an t-óstán	the hotel
urlár	an t-urlár	the floor
síleáil	an tsíleáil	the ceiling

Exercise 2

Match up each piece of furniture or appliance with the room where you would find it. E.g., Cá bhfuil an doirteal? Sa gcisteanach.

1 Cá bhfuil an báisín?	a an halla
2 Cá bhfuil an cócaireán?	b an seomra suite
3 Cá bhfuil an cithfholcadh?	c an seomra codlata
4 Cá bhfuil an leaba?	d an seomra folctha
5 Cá bhfuil an staighre?	e an leithreas
6 Cá bhfuil an teallach?	f an chisteanach
7 Cá bhfuil an ríomhaire?	g an seomra staidéir

Exercise 3

You are working in a small furniture/appliance store. Your boss is helping you take an inventory. Answer each of the following questions using the correct form of **ceann** ("head/one of them"). E.g., Cé mhéad cuisneoir atá againn? (cúig): cúig cinn

1 Cé mhéad cathaoir atá againn? (ocht)

2 Cé mhéad scáthán atá againn? (trí)

3 Cé mhéad leaba atá againn? (ceathair)

4 Cé mhéad teilifís atá againn? (deich)

5 Cé mhéad oigheann micreathoinne atá againn? (dó)

6 Cé mhéad cócaireán atá againn? (aon)

Note: Remember the special change the numbers **aon** and **dó** undergo. If you don't, check back to p. 55 above.

Exercise 4

Place the article **an** "the" before each noun. Make any other necessary changes to the noun. The gender of each noun has been indicated after it with an *f* for feminine and an *m* for masculine. E.g., cisteanach (f): an chisteanach

1 seomra suite (m)

2 áiléar (m)

3 oifig (f)

4 siléar (m)

5 sráid (f)

6 inneall (m)

Dialogue 8

Visiting the home (Audio 1:34)

Éamonn is visiting a house that he plans to rent. The auctioneer, Máirín, is giving him a tour.

Máirín:	An maith leat é?
Éamonn:	Tá sé ciúin anseo. An féidir linn dul isteach?
Máirín:	Is féidir cinnte. Tá an eochair agam anseo.
Éamonn:	Is maith liom an halla agus an seomra suite. Cá bhfuil an chisteanach?
Máirín:	Tá sé ansin ar chlé. Agus tá na seomraí codlata agus seomra folctha ar dheis.
Éamonn:	Tá an cuisneoir agus an sorn go deas. An é an leithreas an chéad doras ar dheis?
Máirín:	'Sé. Níl aon fholcadán ann. Níl ach cithfholcadán sa seomra folctha. An maith leat an teach?
Éamonn:	Ní maith. Tá sé róchiúin anseo agus b'fhearr liom teach le inneall níocháin agus triomadóir ann.

Máirín:	Do you like it?
Éamonn:	It is quiet here. Can we go inside?
Máirín:	Sure, I have the key here.
Éamonn:	I like the hall and the sitting room. Where is the kitchen?
Máirín:	It is there on the left. And the bedrooms and the bathroom are on the right.
Éamonn:	The refrigerator and range [stove] are nice. Is the toilet the first door on the right?
Máirín:	It is. There isn't any bathtub there. There is only a shower in the bathroom. Do you like the house?
Éamonn:	I don't. It is too quiet here and I prefer a house with a washing machine and a dryer.

4.6 Giving your opinion about lodgings (Audio 1:35)

When asking one's opinion about a house or other lodgings, you can say, **An maith leat é?** "Do you like it?" The response can simply be **is maith** "I like" or **ní maith** "I don't like." Be careful not to confuse **ní maith** "I don't like" with **níor mhaith** "I wouldn't like; I don't want." Here are some possible responses to support your opinion.

Tá sé ciúin anseo.	It's quiet here.
Tá sé glórach anseo.	It's noisy here.
Tá sé ceart go leor.	It's okay.
Tá sé róbheag.	It's too small.
Tá sé an-mhór.	It's very big.

If you are describing lodgings where you are currently living, you may also want to indicate how you get along with your roommates/ housemates.

Réitím go maith leis na daoine eile.	I get along well with the other people.
Ní réitím go maith leis na daoine eile.	I don't get along well with the other people.

4.7 Asking where a specific room is
(Audio 1:36)

To ask where a specific room is one can say, **Cá bhfuil _____, le do thoil?** "Where is the _____ please?"

Cá bhfuil an leithreas, le do thoil?	Where is the toilet, please?
Tá sé ansin ar dheis.	It is there on the right.
Cá bhfuil an chisteanach?	Where is the kitchen?
Tá sí díreach ar aghaidh.	It is straight ahead.
An dara doras ar chlé.	The second door on the left.

Exercise 5

An maith leat é? "Do you like it?" You have just visited a flat (apartment) that you would like to let (rent). Indicate if you like it and then explain why, using the prompts given. E.g., ☺ ciúin → Is maith. Tá sé ciúin anseo.

1　☹ róbheag
2　☺ ceart go leor
3　☹ glórach
4　☺ an-mhór
5　☹ róchiúin

4.8 Asking others about their lodgings
(Audio 1:37)

As we discuss lodgings, you will obviously need to be able to ask others about their accommodation and respond with information about your accommodation. To ask where another person is staying, say **Cá bhfuil tú ag fanacht?** "Where are you staying?" Besides naming the village where you are staying, you can also indicate if you are alone or sharing with others.

Tá mé ag roinnt árasáin le cara liom.	I am sharing an apartment with a friend of mine.
Tá mé ag roinnt tí le triúr eile.	I am sharing a house with three others.
Tá mé i mo chónaí i m'aonar.	I live by myself.
Tá mé i mo chónaí liom féin.	I live by myself.

To ask about the cost of letting a flat (renting an apartment) or house, we can say, **An bhfuil sé daor?** "Is it expensive?" Possible answers include:

Tá sé daor go leor.	It is expensive enough.
Níl sé ródhaor.	It is not too expensive.
Tá sé trí chéad euro sa mí.	It is 300 euros a month.
Tá sé seacht gcéad euro sa mí.	It is 700 euros a month.

4.9 Ordinal numbers (Audio 1:38)

We know how to count with numbers, how to use numbers before nouns, how to use numbers before people, and now we will see how to use ordinal numbers (first, second, and so on).

an chéad (1d)	the first (1st)
an dara (2a)	the second (2nd)
an tríú (3ú)	the third (3rd)
an ceathrú (4ú)	the fourth (4th)
an cúigiú (5ú)	the fifth (5th)
an séú (6ú)	the sixth (6th)
an seachtú (7ú)	the seventh (7th)
an t-ochtú (8ú)	the eighth (8th)
an naoú (9ú)	the ninth (9th)
an deichiú (10ú)	the tenth (10th)
an chéad doras ar dheis	the first door on the right
an dara doras ar chlé	the second door on the left

Exercise 6

Brídín is visiting your home. She has just asked, **Cá bhfuil an leithreas, le do thoil?** "Where is the toilet please?" Respond indicating which door down the hall leads to the bathroom. E.g., 3ú – an tríú doras ar chlé.

1 1d _____

2 4ú _____

3 2a _____

4 5ú _____

Exercise 7

Place the following words in the correct order to form sentences.

1 sé níl ródhaor.

2 dheis chéad an ar doras.

3 sé tá anseo ciúin.

4 sé tá ceart leor go.

5 chlé an doras dara ar.

6 tá go leor sé daor.

 4.10 Types of housing (Audio 1:39)

If you live in Ireland, you will already be familiar with the variety of homes and flats (apartments) to be found there. Here is some of the vocabulary often used to describe living quarters in Ireland.

árasán	flat (apartment)
bungaló	bungalow
doras tosaigh	front door
doras cúil/cúldoras	back door
gairdín tosaigh	front garden (yard)
gairdín cúil	back garden (yard)
seomra suí is leapa	bedsit (studio)
teach, teach aonair	house, detached house
teach ceann tuí	thatched cottage
teach dhá stór	two-story house
teach feilme	farmhouse
teach leathscoite	semi-detached house
thuas staighre	upstairs
thíos staighre	downstairs

 Exercise 8

The letters in the vocabulary items above have been mixed. Place them in the correct order. E.g., echat fmieel → teach feilme

1 gbuónal

2 eihtresal

3 sciteacahn

4 náráas

5 oímhreair

4.11 Pronunciation (Audio 1:40)

As we note in other languages, in the Irish of Cois Fharraige and other areas we can hear contractions in pronunciation. One such case would be **cá bhfuil** which can often be heard as **cá'il** or /ka:l'/ using the phonetic system of Irish–English dictionaries. Another instance where we do not pronounce every letter seen in the written version is demonstrated in the sentence **Cá bhfuil tú ag fanacht?** "Where are you staying?" The *g* in **ag** is not pronounced before consonants. The phrase **ag fanacht** means "staying." Likewise, in **Tá mé ag roinnt árasáin le cara liom** "I am sharing an apartment with my friend," one hears **a' roinnt** with the *g* silent.

Exercise 9 (Audio 1:41)

Write a paragraph using the same form as the one below using the vocabulary below. Lenite and eclipse the vocabulary as needed. Begin with **Cónaím i dteach. Is teach aonair é**.

> Cónaím i **dteach feilme**. Is **teach dhá stór faoin tuath** é. Tá **cisteanach mhór le teallach** ar chlé agus **seomra suite foirmiúil** ar dheas. Sa halla idir an dá **sheomra** atá an staighre. I gcúl an tí atá an **chúlchisteanach agus an seomra folctha**. Thuas staighre, tá **ceithre** sheomra codlata, **dhá cheann ar chaon taobh den halla**.

teach, teach aonair, sa gcathair, cisteanach agus seomra bia, seomra teaghlaigh, taobh, pantrach, dhá sheomra codlata agus seomra folctha

ar chaon taobh	on each side (**gach aon taobh**)	**taobh**	side
		tí (genitive form of **teach**)	house
cathair	city		
faoin tuath	in the countryside		

Unit 5
Ag caint faoi chaithimh aimsire

Speaking about pastimes

In this unit we will look at:

- talking about activities we participate in from time to time
- asking questions about habitual activities
- answering in the positive and negative about regular activities
- giving your opinion about pastime activities
- indicating when you partake in activities
- using the present tense for regular verbs

Dialogue 9

Going to Galway City (Audio 1:42)

Aisling and Fiachra work for a company in Cois Fharraige and are discussing their regular trips to Galway City and activities that they take part in while there.

Aisling:	Tá mé ag dul soir go Gaillimh inniu tar éis na hoibre
Fiachra:	Céard a dhéanann tú i nGaillimh? Bíonn tú ag dul isteach go minic.
Aisling:	Téim ag snámh sa linn snámha i mBóthar na Trá. Ina dhiaidh sin, is breá liom dul go dtí an phictiúrlann i nGaillimh uair sa tseachtain.

DOI: 10.4324/9781003208587-6

Fiachra:	Is breá liomsa dul chuig dráma sa Taibhdhearc ar an tSráid Láir.
Aisling:	Ó, tá *Cré na Cille* le Máirtín Ó Cadhain ar siúl ann faoi láthair. Ba mhaith liom dul isteach go Gaillimh len é a fheiceáil.
Fiachra:	Téim Tí Neachtain i gcónaí tar éis dráma a fheiceáil. Bíonn ceol traidisiúnta den chéad scoth acu ansin.
Aisling:	Cá bhfuil an teach tábhairne sin? Nach bhfuil sé ar choirnéal na Sráide Trasna agus Shráid na Céibhe?
Fiachra:	Tá. Níl sé ach céad méadar ón amharclann.

Aisling:	I am going over [literally, "eastwards"] to Galway [the city] today after work.
Fiachra:	What do you do in Galway? You go in often.
Aisling:	I go swimming in the pool in Salthill. After that, I love [literally, "It is fine/excellent with me"] to go to the cinema in Galway once a week.
Fiachra:	I love to go to a play in the Taibhdhearc theater on Middle Street.
Aisling:	Oh, *Cré na Cille* by Máirtín Ó Cadhain is playing there at present. I want to go into Galway to see it.
Fiachra:	I always go to the Tí Neachtain pub after seeing a play. They have the best traditional music there.
Aisling:	Where is that pub? Isn't it on the corner of Cross Street and Quay Street?
Fiachra:	It is. It's only a hundred meters from the theater.

5.1 Vocabulary (Audio 1:43)

amharclann	theater
amhrán	song
caitheamh aimsire	pastimes
ceol	music
coirm cheoil	concert

cispheil	basketball
cniotáil	knitting
crosfhocal	crossword (puzzle)
dráma	play (theater)
dreapadóireacht	climbing
galf	golf
iascaireacht	fishing
iománaíocht	hurling
leadóg	tennis
peil	football
pictiúrlann	cinema
rith	running
rothaíocht	cycling
rugbaí	rugby
sacar	soccer
scannáin	films
snámh	swimming
spórt	sport
teach tábhairne	pub

Exercise 1

Place the words from the vocabulary above into categories. The first few are done for you.

Taispeántas/Cur i Láthair "Performance"	Spórt "Sports"	Gach Caitheamh Aimsire Eile "All Other Pastimes"
amharclann	cispheil	puzal an chrosfhocail

5.2 Irish culture

Irish sport

Páirc an Mháimín, Leitir Móir.

Photo by Tomás Ó híde.

In many parts of the world, the word "football" is often used to refer to soccer. In the case of Ireland, as with the USA, football has its own national significance. In Ireland, **peil** "football," or **peil ghaelach** "Gaelic football," refers to one of the Gaelic games played throughout the island and in parts of the Diaspora.

The Gaelic games of Ireland, including **peil ghaelach, iománaíocht** "hurling," and **camógaíocht** "camogie," are accredited along with other cultural movements that focused on the Irish language and the literature of Ireland with a development of a sense of Irishness on the island over the past 100 years.

Peil ghaelach, in addition to its native roots, appears to share elements in common with soccer and rugby. While participation in the sport by men is well established, the sport as played among women is increasing in popularity and referred to as **peil na mban. Iománaíocht,**

a native Celtic sport, is played with a **camán** "hurling stick" and a **slio-tar** "hurling ball." While **iománaíocht** refers to the version played by men, **camógaíocht** is the term used for the version of this sport played by women.

5.3 The present tense (An Aimsir Láithreach)

(Audio 1:44)

With the **tá** verb, we saw two present forms, a simple present, **tá**, and a habitual present, **bíonn**. When we refer to the present tenses in most other verbs we are referring to this habitual activity sense as with **bíonn**. Some verbs that will be helpful for discussing pastimes include **cas**, **imir**, and **téigh**. They are examples of the three ways of conjugating verbs and we will learn more about them in the second part of this unit and future units.

casaim	I play music/I sing
casann tú	you play music/you sing (sing.)
casann sé/sí	he/she plays music/he/she sings
casaimid	we play music/we sing
casann sibh	you play music/you sing (plur.)
casann siad	they play music/they sing
imrím	I play
imríonn tú	you play (sing.)
imríonn sé/sí	he/she plays
imrímid	we play
imríonn sibh	you play (plur.)
imríonn siad	they play
téim	I go
téann tú	you go (sing.)
téann sé/sí	he/she goes
téimid	we go
téann sibh	you go (plur.)
téann siad	they go

Locally in Cois Fharraige, you can also hear **casann mé**, **casann muid**, **imríonn mé**, **imríonn muid**, **téann mé**, and **téann muid**. Note that **cas** when used with **amhrán** "song" can mean "sing" in addition to "play music." In Standard Official Irish, "sing" is **can**.

As with the verbs we have previously seen, questions are formed by using **an** and eclipsing the initial consonant if necessary. To respond in the negative, use **ní** and lenite when possible.

An gcasann tú sa scoil?	Do you play music at school?
Ní chasaim.	I don't play music.
Ní chasaim ach amháin sa mbaile	I only sing in the house (at home).
An imríonn tú cispheil?	Do you play basketball?
Ní imrím.	I don't play.
Imrím peil gach lá.	I play football everyday.
An dtéann Seán ag roth-aíocht gach lá?	Does Seán go cycling every day?
Téann.	Yes. [literally, "He goes."]
Téann Seán ag rothaíocht gach maidin.	Seán goes cycling each morning.

Once again, the forms of the verbs given above appear as indicated in Official Standard Irish. While these can be heard at times in Cois Fharraige, the local form of the first person such as **casann mé** and **casann muid** can also be frequently heard. The answer key for exercises below indicates both the Standard Official use and the local use.

5.4 Asking questions about pastimes
(Audio 1:45)

In addition to asking if someone does a specific activity, you can also ask the more open-ended question **Céard a dhéanann tú nuair a bhíonn am saor agat?** "What do you do when you have free time?"

Casaim amhrán nó dhó.	I sing a song or two.
Céard a dhéanann Aisling nuair a bhíonn am saor aici?	What does Aisling do when she has free time?
Téann sí ag snámh.	She goes swimming.

Exercise 2

Make questions for the following answers. Do not forget that we eclipse after **an** if possible when making a question. E.g., Ní imrím. (sacar) An imríonn tú sacar?

1 Ní imrím. (galf)
2 Ní imrím. (iománaíocht)
3 Imrím. (leadóg)
4 Ní chasaim. (ceol)
5 Casaim. (amhrán)

Exercise 3

Several of the pastimes use the particle **ag** before the noun. For example, **ag snámh**. These nouns are a form of a verb and are referred to as verbal nouns. This is not so different from English. For example, English speakers use swimming, jogging, and so on as both nouns and verbs. Add the particle **ag** before each of the verbal nouns given in parentheses. E.g., Téim <u>ag snámh</u> gach seachtain. (snámh)

1 Téim _____ uair amháin sa tseachtain. (rith)
2 Téann Pádhraic _____ gach samhradh. (dreapadóireacht)
3 Téann sí _____ le hEoin ar Loch Coirib. (iascaireacht)
4 Téim _____ gach Satharn. (rothaíocht)

Exercise 4

Answer the questions using the vocabulary given. Use adverbs of frequency such as **go minic** "frequently," **anois is aríst** "now and then," and **i gcónaí** "always." E.g., Céard a dhéanann tú nuair a bhíonn am saor agat? (téigh + ag iascaireacht): Téim ag iascaireacht anois is aríst.

1 Céard a dhéanann Áine nuair a bhíonn am saor aici? (téigh + snámh)
2 Céard a dhéanann tú nuair a bhíonn am saor agat? (imir + peil)
3 Céard a dhéanann Seosamh nuair a bhíonn am saor aige? (imir + cispheil)
4 Céard a dhéanann tú nuair a bhíonn am saor agat? (cas + ceol)
5 Céard a dhéanaimid nuair a bhíonn am saor againn? (cas + amhrán)

Dialogue 10

Studying in An Cheathrú Rua (Audio 1:46)

Two university students from Dublin, Caitlín and Séamus, and a university student from Madrid, Antonio, are taking summer courses at the National University of Ireland, Galway, in An Cheathrú Rua.

Caitlín:	Dia dhuit, a Antonio.
Antonio:	Dia is Muire dhaoibh. Cén chaoi a bhfuil sibh?
Caitlín and Séamus:	Go maith.
Séamus:	Tá cluiche peile idir An Spidéal agus An Cheathrú Rua ar siúl ar an bpáirc. An bhfuil sibh ag iarraidh tíocht?
Antonio:	Níor mhaith liomsa dul ann, go raibh maith agat. An maith leatsa peil, a Chaitlín?
Caitlín:	Níl suim dá laghad agam i bpeil. Is maith liom leadóg. An imríonn tusa leadóg, a Antonio?
Antonio:	Imrím. Imrím leadóg 'chuile Aoine i rith an téarma. An bhfuil aon chúirt leadóige anseo ar an gCeathrú Rua?
Séamus:	Ní cheapaim go bhfuil, ach b'fhéidir go mbeidh tú in ann leadóg bhoird a imirt in Áras Mháirtín Uí Chadhain. Beidh mise ag imeacht le dul ag féachaint ar an gcluiche peile anois, slán agaibh.
Caitlín and Antonio:	Slán leat.
Caitlín:	Hello, Antonio.
Antonio:	Hello. How are you?
Caitlín and Séamus:	Good.
Séamus:	There is a football match between An Spidéal and An Cheathrú Rua on at the park. Do you want to come?
Antonio:	I don't want to go, thank you. Do you like football, Caitlín?

Caitlín:	I'm not at all interested in football. I like tennis. Do you play tennis, Antonio?
Antonio:	I play. I play tennis every Friday during the (academic) term. Is there a tennis court here in An Cheathrú Rua?
Séamus:	I don't think there is, but maybe you can play ping-pong (table tennis) in Áras Mháirtín Uí Chadhain. I am leaving to go watch the football match now, bye.
Caitlín and Antonio:	Bye.

Note: Áras Mháirtín Uí Chadhain is one of the several centers that make up NUI, Galway's Acadamh na hOllscolaíochta Gaeilge.

5.5 Giving your opinion about pastime activities (Audio 1:47)

As we saw in the last chapter, it is helpful to know how to ask others' opinions. We can ask general questions such as **An maith leat spórt?** "Do you like sports?" or we can be more specific such as **An maith leat peil?** "Do you like football?" Below are some possible responses.

Is maith.	I like.
Ní maith.	I don't like.
Is breá liom é.	I love it. [literally, "It's fine with me"]
Is fuath liom é.	I hate it.
Níl suim dá laghad agam sa bpeil.	I'm not at all interested in football.

Exercise 5

Respond to the following questions giving responses that reflect your own opinion. If you are studying with a partner, ask these questions of each other. E.g., An maith leat ceol traidisiúnta? (traditional music): Is breá liom é.

1 An maith leat rugbaí?

2 An maith leat sacar?

3 An maith leat leadóg?

5.6 Indicating when you partake in activities (Audio 1:48)

We have already seen a number of frequency words. The days of the week can also be used to indicate when we participate in certain activities.

ar an Domhnach	on Sundays (Dé Domhnaigh, Sunday)
ar an Luan	on Mondays (Dé Luain, Monday)
ar an Máirt	on Tuesdays (Dé Máirt, Tuesday)
ar an gCéadaoin	on Wednesdays (Dé Céadaoin, Wednesday)
ar an Déardaoin	on Thursdays (Déardaoin, Thursday)
ar an Aoine	on Fridays (Dé hAoine, Friday)
ar an Satharn	on Saturdays (Dé Sathairn, Saturday)

Here are some examples of the days of the week being used in sentences to show frequency.

Bím ag cniotáil ar an Satharn.	I [usually] knit on Saturdays.
Téim ag snámh ar an gCéadaoin.	I go swimming on Wednesdays.
Téim go dtí an teach tábhairne ar an Aoine.	I go to the pub on Fridays.
Canaim sa séipéal ar an Domhnach.	I sing in church on Sundays.

5.7 Present tense of regular verbs: first conjugation (Audio 1:49)

We saw an example of a verb in the first conjugation above, namely **cas** "sing/play music/turn/meet." **Cas**, as it is written here, is in its base form. To create the different forms (conjugate the verb) we add -*aim* for me (first person, singular), -*ann* for you, he, she, and they (second and third person, singular and plural) and -*aimid* for we (first person, plural).

casaim	I sing/I play music
casann tú	you sing/you play music (sing.)
casann sé/sí	he/she sings/he/she plays music
casaimid	we sing/we play music
casann sibh	you sing/you play music (plur.)
casann siad	they sing/they play music

Some other verbs in the first conjugation that are conjugated similarly would include **bog** "move," **can** "sing," **cum** "compose," **dún** "close," **fág** "leave," **fan** "wait," and **gearr** "cut." Note that all of these examples have a broad vowel (*a, o, u*) before the final consonant(s). If the final vowel in the base form is slender (*e, i*), then the verb would be conjugated using the endings -*im*, -*imid*, and -*eann*. The verb **bain** "pick/reap" is an example of this.

bainim	I pick/I reap
baineann tú	you pick/you reap (sing.)
baineann sé/sí	he/she picks/he/she reaps
bainimid	we pick/we reap
baineann sibh	you pick/you reap (plur.)
baineann siad	they pick/they reap

Other examples with slender vowels include **cuir** "put," **éist** "listen," **fill** "return/fold," and **léim** "jump." To summarize, first conjugation verbs use the following endings: -*(a)im*, -*(a)imid*, and -*(e)ann*.

Exercise 6

The letters of the days of the week have been mixed. Identify which day is which and insert capital letters and a space if needed. E.g., mtáir → Máirt

1 raéadoind
2 nodhamhc
3 eaoin
4 alun
5 athsarn
6 adnaoicé

Exercise 7

Use the correct form of the verbs given. Indicate the subject if necessary. The first two are done for you. Note that in addition to "stay," **fan** also means "wait." E.g., <u>Canaimid</u> (can, muid) amhrán sa gcoirm cheoil; <u>Cumann sí</u> (cum, sí) amhrán nua gach mí.

1 _____ (dún, siad) an linn snámha ag a sé a chlog.
2 _____ (fan, tú) leis an mbus go minic ar an Satharn agus ar an Domhnach.
3 _____ (cuir, muid) an raidió ar siúl.
4 _____ (éist, tú) le ceol traidisiúnta go minic.

5.8 Vocabulary (Audio 1:50)

amhráin ar an sean-nós	old way of singing Irish songs
badmantan	badminton
camógaíocht	camogie
ceardaíocht	craft
damhsa ar an sean-nós	sean-nós dancing
dornálaíocht	boxing
ficheall	chess
fuáil	needlework
léamh	read
siúlóid	hiking
táiplis	draughts (checkers)
ag imirt	playing (sport)
ag spraoi	playing (enjoying)

Note that the word **spraoi** is generally used for having a good time, especially with children. A child can just simply say, **tá mé ag spraoi** "I am playing." However, to indicate that you are taking part in an organized activity, you would say **ag imirt** as in **tá mé ag imirt camógaíochta** "I am playing camogie."

5.9 Pronunciation (Audio 1:51)

As with any language, as pronunciation changes or with dialectal variation, the written form often does not reflect current pronunciation practices. This is also the case with the Irish of Cois Fharraige. While you can see words like **aríst** and **tíocht** spelled as they are pronounced locally for the standard forms **arís** "again" and **teacht** "coming," other words such as **féin** are not modified although the *f* is not pronounced. You will be alerted to words that are spelled in such a way that their spelling does not reflect the Cois Fharraige pronunciation or which are particularly hard to pronounce. You will also continue to be alerted to some of the spellings which are most characteristic of the Cois Fharraige dialect, as you have seen above with examples such as **cistin** and **cisteanach**.

Exercise 8

Read the first sentence and a half of the paragraph below. Fill in the blanks with the words: **ag, cispheil, Déardaoin, imrím, is, freisin, Halla, lá, liom, obair, phíosála, sacar, Satharn, scoil, scoil**. When you complete the exercise, copy the paragraph on another piece of paper.

Is maith liom spórt agus ceardaíocht. Is breá liom cispheil agus _____. Imrím _____ gach _____ ar _____ agus _____ sacar _____ an _____ freisin. _____ Maith _____ fuáil _____ a dhéanamh _____. Bím _____ fuáil _____ Halla _____ Shailearna _____ an _____.

Unit 6
Ag cur síos ar imeachtaí an lae

Describing events of the day

In this unit we will look at:

- present-tense regular verbs: second conjugation
- asking and telling time
- saying what time you do certain activities
- asking people what time they do certain activities
- the verb "to eat," **ith**
- asking questions requiring echo responses
- the verb "to make" or "to do," **déan**

Dialogue 11

Being late for university lectures (Audio 1:52)

Dara is attending university. He has difficulty getting to class on time in the morning. He is sharing this problem with Seán and Máirín to see if they have any ideas.

Dara: Bím mall 'chuile lá ag teacht chuig an ollscoil. Tá an léachtóir
         ag éirí míshásta liom. Céard a mholann sibh?
Seán: An mbíonn tú mall ag éirí 'chuile mhaidin?
Dara: Ní bhím. Éirím ag a sé a chlog de ghnáth. Bíonn cithfholcadh
         agam, cuirim orm mo chuid éadaí, glanaim mo chuid fiacla,
         agus mar sin de.

DOI: 10.4324/9781003208587-7

Máirín:	Cén uair a bhíonn an chéad léacht ann?
Dara:	Tosaíonn an chéad rang ag a hocht a chlog. Níl an teach ach cúig nóiméad ón ollscoil, ach fós bíonn an-mhoill orm agus ní bhíonn am agam ithe fiú amháin.
Seán:	An mbíonn dhá uair a' chloig uait le tú féin a réiteach ar maidin? Céard eile a bhíonn ar bun agat?
Dara:	Bhuel, breathnaím ar chartúin ar an teilifís go minic. Is breá liom breathnú ar chartúin ar maidin.
Máirín:	Bhuel, is í an teilifís an fhadhb mar sin, mura bhfuil tú ag caitheamh an iomarca ama sa gcithfholcadh!
Dara:	I am late each day to university. The lecturer is becoming unhappy with me. What do you suggest?
Seán:	Are you late waking up each morning?
Dara:	I'm not. I usually wake at six o'clock. I have a shower, I put my clothes on, I brush my teeth, and so on.
Máirín:	What time is the first lecture?
Dara:	The first class begins at eight o'clock. I only live five minutes from the college, but still I am very late and I don't have time to even eat breakfast.
Seán:	Do you need two hours to prepare yourself in the morning? What else are you doing?
Dara:	Well, often I watch cartoons on the television. I love to watch cartoons on the television in the morning.
Máirín:	Well, the television is the problem then, unless you are spending too much time in the shower!

 6.1 Vocabulary (Audio 1:53)

breacadh an lae	dawn
maidin	morning
bricfeasta	breakfast
obair	work
scoil	school
siopadóireacht	shopping
sos	break

tae, caife	tea, coffee
meán lae	midday
lón	lunch
tráthnóna	afternoon, evening
dinnéar	dinner
tae	light evening meal
luí na gréine	sunset
oíche	night

As in many societies, traditionally the main meal was served at midday. This is referred to as **dinnéar** "dinner." A lighter meal would then be served in the evening. This is referred to as **tae** "tea." As a result of modern work schedules that make a large meal in the middle of the day impractical, a light noon meal could be referred to as **lón** "lunch." Then the evening meal may be referred to as **dinnéar**, **tae**, or even **suipéar** "supper."

Exercise 1

Fill in the events of the day in the diary page below. Use the above vocabulary.

	Dialann 25 Iúil 2023
8:00	Bricfeasta
9:00	
10:00	
11:00	
12:00	
13:00	
14:00	
15:00	
16:00	
17:00	
18:00	
19:00	
20:00	

6.2 Irish culture

Irish time and other measurements

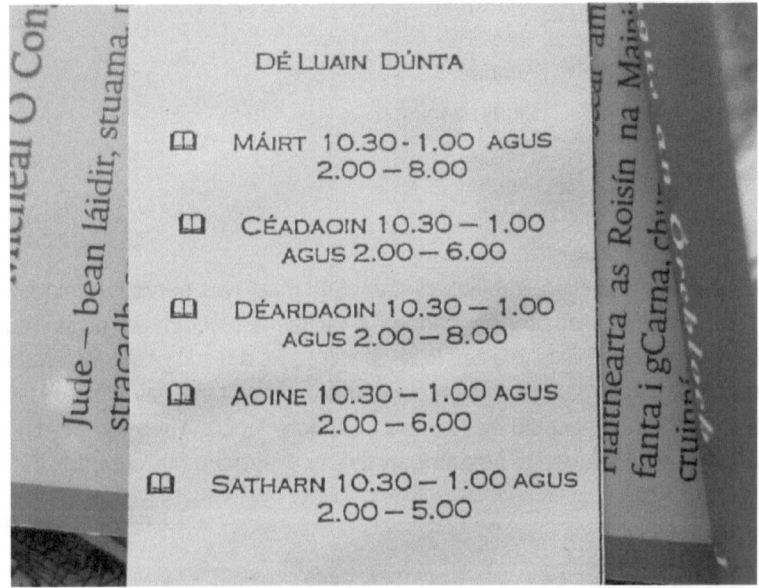

DÉ LUAIN DÚNTA

📖 MÁIRT 10.30 - 1.00 AGUS
2.00 – 8.00

📖 CÉADAOIN 10.30 – 1.00
AGUS 2.00 – 6.00

📖 DÉARDAOIN 10.30 – 1.00
AGUS 2.00 – 8.00

📖 AOINE 10.30 – 1.00 AGUS
2.00 – 6.00

📖 SATHARN 10.30 – 1.00 AGUS
2.00 – 5.00

The library in An Cheathrú Rua.

Photo by Tomás Ó híde.

Ireland finds itself at the crossroads of many cultural influences. This is equally true for Cois Fharraige where people have emigrated to Great Britain, Continental Europe, the USA, and beyond. More recently, many of these emigrants have returned adding to these cultural influences.

One example is the recording of time. On many shops, the afternoon hours will be noted with 1 through 12 o'clock and may be noted with p.m. or **i.n.** (**iarnóin**). In most official postings, a twenty-four-hour clock more common in Continental Europe can be seen. This would be true for bus schedules in Cois Fharraige and throughout Ireland.

Another example of this mixture of systems would be the indicating of weight. In Ireland, the measurement of a **cloch** "stone," which equals 14 pounds, was once widely used. You will hear it in reference to the weight of people and food. However, in shops and health clinics you will see **cileagram** "kilogram."

By 2005, road signs in Ireland were changed from the **míle** "mile" to **ciliméadar** "kilometer" notations. This included signs indicating distance and signs indicating speed limits. However, in conversation, some people still make reference to the **míle** measurement.

6.3 Present tense of regular verbs: second conjugation (Audio 1:54)

In the last unit, we saw present-tense verbs of the first conjugation such as **cas** and **bain**, which take the endings *-(a)im*, *-(a)imid*, and *-(e)ann*. Verbs of the second conjugation take the endings *-(a)ím*, *-(a)ímid*, and *-(a)íonn*. Some verbs from the dialogue at the beginning of this unit that are in the second conjugation include **breathnaigh** "watch," **cónaigh** "inhabit," **éirigh** "rise," and **tosaigh** "begin."

breathnaím	I watch
breathnaíonn tú	you watch (sing.)
breathnaíonn sé/sí	he/she watches
breathnaímid	we watch
breathnaíonn sibh	you watch (plur.)
breathnaíonn siad	they watch
éirím	I rise
éiríonn tú	you rise (sing.)
éiríonn sé/sí	he/she rises
éirímid	we rise
éiríonn sibh	you rise (plur.)
éiríonn siad	they rise

You will note that our choice of using, for example, *-aím* or just *-ím* in the first-person singular depends on the previous vowel in the verb. The spelling rule in Irish is **caol le caol agus leathan le leathan** "slender with slender and broad with broad." Recall that *e* and *i* are slender vowels and *a*, *o*, and *u* are broad vowels.

Breathnaigh: Broad *a* and broad *a* are found on either side of the consonants *-thn-*. As a result, we use the endings *-aím*, *-aímid*, and *-aíonn*.

Éirigh: Slender *i* and slender *i* are found on either side of the consonant *r*. As a result, we use the endings *-ím*, *-ímid*, and *-íonn*.

Once again, recall that the simple present endings for verbs in the first conjugation are *-(a)im*, *-(a)imid*, and *-(e)ann* and for verbs of the second conjugation *-(a)ím*, *-(a)ímid*, and *-(a)íonn*.

 # 6.4 Asking and telling time
(Audio 1:55)

To ask what time it is, we can say **Cén t-am é?** "What time is it?" The response to this question is **Tá sé a trí a chlog** "It is three o'clock," or simply, **a trí a chlog** "three o'clock." Other expressions needed to express time include the following:

cúig tar éis a trí	five after three
deich tar éis a trí	ten after three
ceathrú tar éis a trí	a quarter after three
fiche tar éis a trí	twenty after three
fiche cúig tar éis a trí	twenty five after three
leathuair tar éis a trí	half past three (three thirty)
fiche cúig chun a ceathair	twenty five to four
fiche chun a ceathair	twenty to four
ceathrú chun a ceathair	a quarter to four
deich chun a ceathair	ten to four
cúig chun a ceathair	five to four

Note, when "two" or "four" are on their own as in counting, phone numbers or the hour, we use the words **dó** "2" and **ceathair** "4," as in **ceathrú tar éis a dó** "a quarter past two" or **ceathrú tar éis a ceathair** "a quarter past four." When "two" or "four" are describing how many things, followed by a noun as in **dhá cheann** "two of them" and **dhá nóiméad tar éis a cúig** "two minutes past five," or **ceithre dhoras** "four doors" and **ceithre bliana d'aois** "four years of age," we use **dhá** and **ceithre**.

Exercise 2

Write the correct form of the verbs in the blanks provided. The verbs provided are of the second conjugation. Recall that verbs of the second conjugation take the endings *-(a)ím*, *-(a)ímid*, and *-(a)íonn*. The words that indicate frequency below include:

anois is aríst	now and then
de ghnáth	usually
chuile lá	every day
chuile mhaidin	each morning
go minic	often
idir	between

E.g. <u>Éiríonn</u> (éirigh) Diarmuid ag a sé chuile lá.

1 _____ (éirigh) tú go hiondúil ag a hocht a chlog.

2 _____ (cónaigh) siad ar an gCeathrú Rua.

3 _____ (cónaigh) sí i Ros an Mhíl.

4 _____ (breathnaigh) Siubhán ar an teilifís idir a dó agus a ceathair.

5 _____ (breathnaigh) sibh ar Ros na Rún ar an Máirt agus ar an Déardaoin.

6 _____ (tosaigh) Bríd ag obair ag a naoi a chlog chuile lá.

7 _____ (tosaigh) sé le bricfeasta a réiteach go luath chuile mhaidin.

Exercise 3

Write out the opening and closing times for the following places using words instead of numbers. Use **idir** . . . **agus** to express "between . . . and." E.g., Ionad Leighis an Spidéil (An Spidéal Medical Center) 9.30–12.30 → idir leathuair tar éis a naoi agus leathuair tar éis a dó dhéag.

1 Ionad Leighis na Tulaí (An Tulaigh Medical Centre) 10.30–11.45.

2 Cógaslann na Ceathrún Rua (An Cheathrú Rua Pharmacy) 9.00–6.00.

3 Leabharlann an Spidéil (An Spidéal Library) Dé Máirt 2.30– 5.00.

4 Scoil Mhic Dara (Mac Dara Primary School, An Cheathrú Rua)
   9.00–2:40.

Dialogue 12

Purchasing travel tickets for the Aran Islands
(Audio 1:56)

Bríd and Breandán are in Galway City on holiday (vacation). They
would like to take a day trip to the Aran Islands. At the tourist office in
Galway City, they arrange for a bus to the port and then the boat out to
the main island.

Bríd:	Tá muid ag iarraidh bus a fháil ó Ghaillimh go Ros an Mhíl leis an mbád a fháil go hInis Mór.
Mícheál:	Cén lá den tseachtain ab fhearr libh taisteal?
Breandán:	Inniu, más féidir linn.
Mícheál:	Bhí an chéad bhus ann ag leathuair tar éis a naoi. Tá sé sin imithe cheana féin, ach tá ceann eile ann ag ceathrú chun a dó dhéag.
Breandán:	Cén t-am anois é?
Mícheál:	Tá sé ceathrú tar éis a deich. Tá neart ama agaibh.
Bríd:	Maith go leor, dhá thicéad fillte, le do thoil. Cé as a n-imíonn an bus?
Mícheál:	Téigí síos an bóthar sin agus feicfidh sibh stad na mbusanna ansin ar Shráid na gCeannaithe.

Bríd:	We want to get a bus from Galway to Ros an Mhíl to get the boat to Inis Mór.
Mícheál:	What day of the week would you prefer to travel?
Breandán:	Today, if we can.
Mícheál:	The first bus was at 9.30. That one has left already, but there is another one at 11.45.
Breandán:	What time is it now?
Mícheál:	It is 10:15. You have plenty of time.
Bríd:	Good enough, two return [roundtrip] tickets, please. From where does the bus go?

Mícheál: Go down that road and you will see the bus stop there on
Merchants Road.

6.5 Saying what time you do certain activities

With the structures and vocabulary learned in the last unit and the first
half of this unit, we can now talk about a greater range of issues related
to daily activities. For example, we have learned how to use the present
simple for habitual activities and how to tell time. So we can now say at
what time we become involved in certain activities.

Éirím ag leathuair tar éis a seacht.	I wake up at 7.30.
Éistim leis an raidió ag a hocht a chlog.	I listen to the radio at 8.00.
Téim ar scoil ag fiche tar éis a naoi.	I go to school at 9.20.
Labhraím le mo chairde ag meán lae.	I speak to my friends at midday.

6.6 Asking people what time they do certain activities (Audio 1:57)

Just as we say **Cén t-am é?** "What time is it?," we can say **Cén t-am** to
ask what time someone does something. So **Cén t-am a n-éiríonn tú?**
means "What time do you wake up?" The particle **a** here means "that,"
giving us a literal translation of "What is the time that you wake up." The
particle **a** causes eclipsis in the following verb and *n-* before vowels.

Cén t-am a dtéann tú ag obair?	What time do you go to work?
Cén t-am a bhfágann tú an scoil?	What time do you leave school?
Cén t-am a n-imíonn tú abhaile?	What time do you go home?
Cén t-am a mbreathnaíonn tú ar an teilifís?	What time do you watch television?

Note: The above use of the particle **a** is referred to as an "indirect rela-
tive particle" in the study of grammar. There are other uses of the parti-
cle **a** that have their own set of rules as noted later in this unit.

6.7 Ith (Audio 1:58a)

In Irish, there are eleven irregular verbs, not counting the copula, **bí** (**tá mé, tá tú, tá sé/sí, tá muid, tá sibh, tá siad**). Irregular verbs do not always appear irregular in all tenses. For example, the verb may look very regular in the simple present, but in the future tense the conjugation may be quite irregular as with **íosfaidh mé** "I will eat." While the irregular verb **ith**, "eat," is irregular in some other tenses, its present tense endings are regular.

ithim	I eat
itheann tú	you eat
itheann sé/sí	he/she eats
ithimid	we eat
itheann sibh	you eat
itheann siad	they eat

Exercise 4

Answer the following questions using the times provided. E.g., Cén t-am a n-éiríonn tú ar maidin? (6.30) → Éirím ag leathuair tar éis a sé ar maidin.

1 Cén t-am a n-itheann tú bricfeasta? (8.00)

2 Cén t-am a dtéann tú ar scoil? (9.00)

3 Cén t-am a n-ólann tú tae ar maidin? (11.00)

4 Cén t-am a n-itheann tú lón ar scoil? (11.45)

5 Cén t-am a n-imíonn tú abhaile? (6.00)

6.8 Asking questions requiring echo responses

Remember that instead of having the equivalents of "yes" or "no," in Irish we echo back the verb in the positive or negative. For example, we saw **An mbíonn tú mall ag éirí chuile mhaidin?** "Are you late waking up each morning?" in the first dialogue in this unit. The answer given is **Ní bhím** "I am not."

An itheann tú lón go luath?	Do you eat lunch early?
Ithim./Ní ithim.	I eat./I don't eat.
An dtéann tú abhaile go déanach?	Do you go home late?
Téim./Ní théim.	I go./I don't go.

6.9 The verb "make" or "do," déan
(Audio 1:58b)

Another irregular verb is **déan** "to make/to do." This will be required for a number of open-ended questions such as **Céard a dhéanann tú chuile mhaidin?** "What do you do each morning?" Note that the particle **a** here is followed by lenition. In this case it is serving as a "direct relative particle."

déanaim	I make/do
déanann tú	you make/do (sing.)
déanann sé/sí	he/she makes/does
déanaimid	we make/do
déanann sibh	you make/do (plur.)
déanann siad	they make/do

Exercise 5

Give a short echo response for each of the following questions. Make your response positive or negative depending on the cue given (+ or –). E.g., An dtéann tú ag obair go luath chuile lá? (–) → Ní théim.

1 An éiríonn tú go déanach chuile mhaidin? (+)

2 An mbíonn tú déanach ag éirí chuile mhaidin? (–)

3 An labhraíonn tú le do chairde chuile lá ag meán lae? (–)

4 An imíonn tú abhaile beagáinín deireanach chuile thráthnóna? (+)

5 An éisteann tú leis an raidió go moch ar maidin? (–)

6 An mbreathnaíonn tú ar an teilifís go luath chuile mhaidin? (+)

7 An dtéann tú ar scoil go moch chuile mhaidin? (–)

Exercise 6

Write a sentence responding to the question. Use the vocabulary provided in the parentheses. E.g., Céard a dhéanann tú chuile mhaidin? (téigh/obair) → Téim ag obair chuile mhaidin.

1 Céard a dhéanann tú chuile lá ag meán lae? (ith/lón)

2 Céard a dhéanann tú chuile thráthnóna? (spraoi le mo chairde)

3 Céard a dhéanann tú chuile thráthnóna? (ith/dinnéar)

4 Céard a dhéanann tú chuile oíche? (breathnaigh/teilifís)

 6.10 Vocabulary building (Audio 1:59)

Imeacht, as in **ag imeacht**, means "departing." We call this form of the verb **imigh** the verbal noun. In the dialogue in the second part of this chapter, we see the sentence, **Tá sé sin imithe cheana féin** "That one has left already." **Imithe** is the verbal adjective. Here are other verbal adjectives. Note that some of these structures use the verb **tá** "is." Irish does not use a verb equivalent to the English "has" for this purpose.

Tá sé sin <u>imithe</u> cheana féin.   That one has left already.

Tá sé sin <u>déanta</u> cheana féin.   That one is done already.

Tá sé sin <u>ite</u> agam cheana féin.   I have already eaten that one.

 6.11 Pronunciation (Audio 1:60)

An expression you will hear in Cois Fharraige with great frequency is **ag iarraidh** /əg iːrə/. The dialogue in the second part of this chapter starts out with **Tá muid <u>ag iarraidh</u> bus a fháil ó Ghaillimh go Ros an Mhíl leis an mbád a fháil go hInis Mór**. An example of a question using **ag iarraidh** would be **An bhfuil tú ag iarraidh tuilleadh tae?** "Do you want more tea?" **Ag iarraidh** means "wanting" as well as "attempting." Note the other way to ask if someone wants something is to say **Ar mhaith leat tuilleadh tae?** "Would you like more tea?" It is important to be careful in pronouncing **ag iarraidh** /əg iːrə/. If the initial vowel in the verbal noun is incorrectly pronounced you could produce **ag éirí**

/əg airi:/ "rising, becoming." **Éirí** is the verbal noun form of **éirigh** "rise, become," a verb which we have been learning to conjugate above.

Exercise 7

Record the following activities in your agenda page for January 17, 2023.

1 Bricfeasta le Áine agus Páidí ag 8:30.
2 Cruinniú sa scoil ag 10:15.
3 Fiaclóir ag 11:45.
4 Lón le Seosamh ag 1:00.
5 Agallamh ag 2:30 san ollscoil.

	Dialann 17 Eanáir 2023
8:00	
9:00	
10:00	
11:00	
12:00	
13:00	
14:00	
15:00	

Vocabulary

agallamh	interview	lón	lunch
bricfeasta	breakfast	ollscoil	university
cruinniú	meeting	scoil	school
fiaclóir	dentist		

Unit 7

Ag caint faoi na scileanna atá agat

Talking about the skills that you have

In this unit we will look at:

- talking about skills needed for a job
- asking others about their abilities
- asking someone how they are getting on with a task
- using **féidir** to ask permission, offer help, politely ask for something, or indicate ability
- dealing with difficulties in communication
- discussing how many languages one speaks and one's proficiency

Dialogue 13

Interviewing for a job (Audio 2:1)

Máire is applying for the position of secretary at an independent Connemara studio which produces programs for the Irish-language television station. She has been called in for an interview where they are seeking information about her skills.

Daithí: Fáilte romhat!

Máire: Go raibh maith agat. Is mise Máire Ní Fhlatharta. Tá a fhios agam gur ag a dó a chlog atá m'agallamh ar siúl.

DOI:10.4324/9781003208587-8

	Tá brón orm má tá mé róluath. Cónaím cúpla ciliméadar soir an bóthar.
Daithí:	Níl tú róluath. Tar isteach.
Máire:	Seo é an leagan is deireanaí de mo CV.
Daithí:	An bhfuil clóscríobh agat?
Máire:	Tá. Tá mé réasúnta maith ar an ríomhaire agus tá mé in ann Word agus Excel a úsáid.
Daithí:	Cé mhéad teanga atá agat?
Máire:	Ceithre cinn. Tá Gaeilge, Béarla, Fraincis, agus Spáinnis agam. Tá Gaeilge agus Béarla líofa agam. Labhraím beagáinín Fraincise agus tá mé ag foghlaim Spáinnise faoi láthair.
Daithí:	An-mhaith!

Daithí:	Welcome!
Máire:	Thank you. I am Máire Ní Fhlatharta. I know that it is at two o'clock that my interview is to take place. I'm sorry if I'm too early. I live a couple kilometers up (eastwards) the road.
Daithí:	You are not too early. Come in.
Máire:	Here [is] the latest version of my CV [résumé].
Daithí:	Can you type?
Máire:	I can. I am reasonably good on the computer and I am able to use Word and Excel.
Daithí:	How many languages can you speak?
Máire:	Four. I speak Irish, English, French, and Spanish. I am fluent in Irish and English. I speak a little French and I am learning Spanish at present.
Daithí:	Very good!

7.1 Vocabulary (Audio 2:2)

cistí a chruinniú	to raise funds
dearadh gréasáin	web design
dearadh ríomhghrafaice	computer graphics design
foilsitheoireacht deisce	desktop publishing
léiriúchán scannánaíochta	film production
líniú	drawing

múineadh	teaching
péinteáil	painting
scileanna	skills
scileanna idirphearsanta	interpersonal skills
scríobh	writing
taighde a dhéanamh	to do research

The above skills can be used in different sentence structures seen below.

Tá mé in ann	I can
Is féidir liom	I can
Is breá liom a bheith ag	I love to be

The skill can also be followed by **a dhéanamh** "to do" if necessary as in **taighde a dhéanamh** "to do research."

Exercise 1

Copy the sentences adding the indicated skill. Use the following words: **cistí a chruinniú**, **scannán a léiriú**, **líniú**, **péinteáil**, and **taighde a dhéanamh**. E.g., Tá mé in ann _____ (to raise funds) → Tá mé in ann cistí a chruinniú.

1 An maith leat a bheith ag _____? (painting)

2 Is féidir liom _____. (to do research)

3 Tá mé in ann _____. (to produce a film)

4 Is breá liom a bheith ag _____. (drawing)

7.2 Irish culture

Immigration and employment

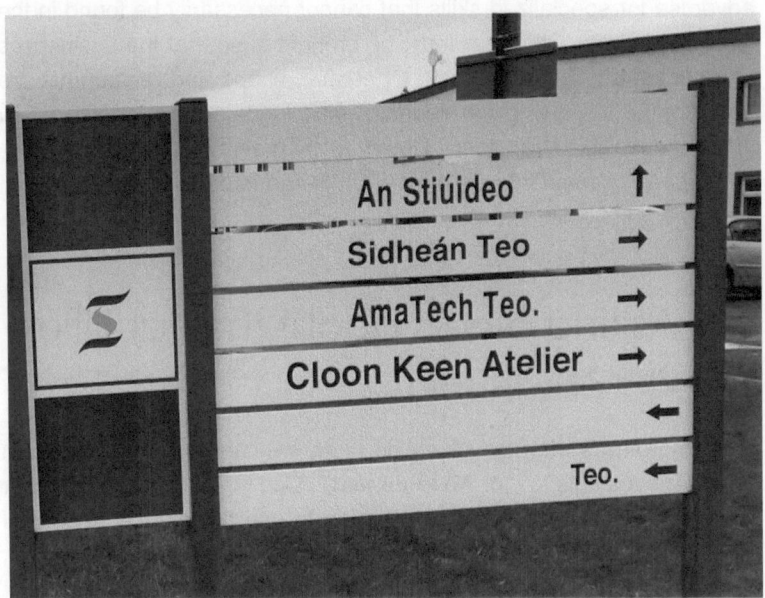

Industrial estate. Photo by Tomás Ó hÍde.

Several decades ago, a slow economy meant that most employees in rural areas were people of the local regions. While some business owners and managers might have come from other parts of the country or other countries, the majority of the workers were locals. In the Gaeltacht, this meant that the majority of workers in a factory or other business were still local Irish speakers. English speakers would descend on the Gaeltacht in the summer months bringing in much needed tourist revenue and then would leave the Irish-speaking regions to themselves for the rest of the year.

With economic growth, prosperity, and decentralization, it is becoming more common in villages throughout the country to meet people not only from other parts of Ireland, but also from other parts of the world. Since the Gaeltacht regions often represent the most far-off reaches of Ireland, the mixture of locals with newcomers is far less than can be seen in other parts of the country. Yet, companies in the Gaeltacht often advertise for specialized skills that cannot necessarily be found in the local community. Outsiders must be brought in so that the businesses can continue to be successful. Of course, shops and restaurants are accustomed to serving the needs of multilingual tourists, so this new influx causes little strain there. However, the presence of long-term non-Irish-speaking residents presents a challenge to other institutions such as primary schools.

7.3 Asking others about their abilities
(Audio 2:3)

In asking others what they are able to do, we can ask **An bhfuil tú in ann?** "Are you able to?" or **An féidir leat?** "Can you?" However, another way of asking if someone has a skill is to use the phrase **An bhfuil _____ agat?** as we see in the dialogue at the beginning of this chapter, **An bhfuil clóscríobh agat?** "Have you got typing [as a skill]?"

An bhfuil Spáinnis agat?	Do you speak Spanish?
An bhfuil dearadh gréasáin agat?	Can you do web designing?
An bhfuil clóscríobh agat?	Can you type?
An bhfuil scileanna idirphearsanta maithe agat?	Do you have good interpersonal skills?

7.4 Talking about varying ability

To indicate to what extent you can perform various skills, the following words will be helpful, **éasca** "easy" and **deacair** "difficult."

Tá sé éasca.	It's easy.
Tá sé an-éasca.	It's very easy.
Tá sé éasca go leor.	It's easy enough.
Tá sé ródheacair.	It's too difficult.

7.5 Asking someone how they are getting on with a task (Audio 2:4)

To inquire how someone is doing in their job or assignment, you can use the construction **ag éirí** "getting on," "managing," "working," "succeeding" (literally, "rising").

Cén chaoi a bhfuil ag éirí leat?	How are you doing/getting on?
Tá ag éirí go han-mhaith liom.	I'm doing really well.
Maith go leor.	Good enough.
Níl ag éirí go rómhaith liom.	I'm not doing too good.

Exercise 2

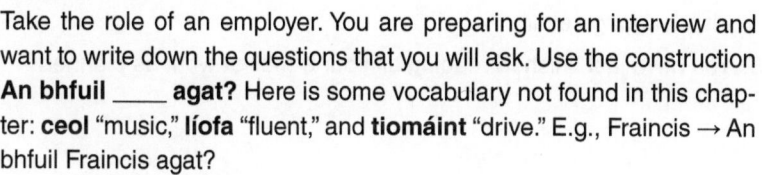

Take the role of an employer. You are preparing for an interview and want to write down the questions that you will ask. Use the construction **An bhfuil ____ agat?** Here is some vocabulary not found in this chapter: **ceol** "music," **líofa** "fluent," and **tiomáint** "drive." E.g., Fraincis → An bhfuil Fraincis agat?

1 Foilsitheoireacht deisce.

2 Clóscríobh.

3 Ceol.

4 Tiomáint.

5 Gaeilge líofa.

Exercise 3

Rate the following tasks using these words: **ródheacair**, **deacair**, **éasca**, and **an-éasca**.

1 Agallamh a dhéanamh.
2 Spáinnis a fhoghlaim.
3 Portráid a phéinteáil.
4 Leabhar a scríobh.
5 Scileanna idirphearsanta maithe a bheith agat.

portráid	portrait	**a bheith agat**	to have

Exercise 4

Respond to the question **Cén chaoi a bhfuil ag éirí leat?** with the appropriate response: **Tá ag éirí go han-mhaith liom, Maith go leor**, or **Níl ag éirí go rómhaith liom**.

1 The bicycle you are assembling appears to be missing parts.
2 You have received your first paycheck at your new job.
3 The children you are babysitting will not stop screaming and crying.
4 Of your entire class, you have received the best results in the Irish-language exam.
5 You have just finished reading all your e-mail at work as planned.

Dialogue 14

Difficulties with communication (Audio 2:5)

Rónán is phoning in response to an advertisement that appeared in the paper for a groundskeeper to be employed at a Connemara golf course. He is using a mobile phone and his connection is not very good.

Rónán:	Dia dhuit. An féidir liom labhairt le Seán?
Seán:	Is mise Seán. Céard is féidir liom a dhéanamh duit?
Rónán:	Chonaic mé d'fhógra sa bpáipéar agus tá suim agam sa bpost.
Seán:	Gabh mo leithscéal. An féidir leat é sin a rá aríst, le do thoil?
Rónán:	Chonaic mé an fógra a bhí agaibh sa bpáipéar agus tá suim agam sa bpost.

Seán:	An bhféadfá labhairt níos airde, le do thoil? Tá an líne ag briseadh.
Rónán:	Haló, haló?
Seán:	Ní féidir liom rud ar bith a chloisteáil anois. Glaoigh ar ais aríst, le do thoil.
Rónán:	Hello. Can I speak with Seán?
Seán:	I'm Seán. What can I do for you?
Rónán:	I saw your announcement in the [news-]paper and I am interested in the position.
Seán:	Excuse me. Can you say that again, please?
Rónán:	I saw the announcement that you had in the paper and I am interested in the position.
Seán:	Could you speak louder, please. The line [connection] is breaking [up].
Rónán:	Hello, hello?
Seán:	I can't hear anything now. Call back again, please.

7.6 Féidir (Audio 2:6)

In the above dialogue, we see a number of uses of **féidir** including asking permission, offering help, politely asking for something, and not being able to do something. The question is asked, **An féidir liom?** "Can I?" Note that there is no lenition after the question particle **an**. To ask someone else to do something, you can say, **An féidir leat?** "Can you?" To politely ask someone to do something, you can say **An bhféadfá?** "Could you?" To offer help, you can also say, **Céard is féidir liom?** "What can I?"

An féidir linn dul isteach?	Can we go inside?
Is féidir leat leadóg bhoird a imirt anseo.	You can play table tennis here.
Tá muid ag iarraidh bus a fháil inniu, más féidir linn.	We want to get a bus today, if we can
Is féidir liom Sínis a labhairt.	I can speak Chinese.

7.7 How many languages do you speak? (Audio 2:7a)

To find out more information about what languages others speak, you can start by asking someone **Cé mhéad teanga atá agat?** "How many languages do you speak?" Use **ceann** to provide a short answer. Recall for three or more, we use the plural of **ceann** after the number, **trí cinn** (see Unit 4). Once you know how many languages, you can begin to ask how well he or she knows the languages. **Cé chomh maith is atá do chuid Gaeilge?** can be answered **Tá sí réasúnta maith** "It's reasonably good," **Tá mé ag foghlaim** "I am learning," or **Níl mé rómhaith** "I'm not too good [at speaking Irish]."

Cé mhéad teanga atá agat?	How many languages do you speak?
Ceithre cinn. Tá Gaeilge, Béarla, Fraincis, agus Spáinnis agam.	Four. I speak Irish, English, French, and Spanish.
Cé chomh maith is atá do chuid Spáinnise?	How good is your Spanish?
Níl mé rómhaith. Tá mé ag foghlaim fós.	I'm not too good. I am learning still.

7.8 More about language ability
(Audio 2:7b)

Two other ways to talk about fluency in a language involve the words **líofa** "fluent" and **beagáinín** "a little." Short answers include **Tá beagáinín agam** "I have a little" or **Tá mé líofa** "I am fluent." More complete answers include **Tá Béarla líofa agam** "I am fluent in English" and **Tá beagáinín Fraincise agam** "I speak a little French." These expressions use the **tá . . . agam** structure that we learned in Unit 3 to show possession. Here it is used to express ability.

Tá Araibis líofa aici.	She speaks fluent Arabic.
Tá beagáinín Breatnaise acu.	They speak a little Welsh.
Níl agam ach beagáinín Fraincise.	I only speak a little French. [Literally, "I don't have but a little French."]

Exercise 5 (Audio 2:8)

Tá ceithre theanga ag Máirtín Ó Gríofa. Tá Gaeilge, Béarla, Iodáilis, agus Portaingéilis aige. Rugadh agus tógadh le Gaeilge i mBaile na hAbhann é. Bhí sé ag obair san Iodáil ar feadh bliana. Anois tá sé ar ais le cúpla mí sa nGort, Co. na Gaillimhe, ag obair mar bhainisteoir ar chomhlacht tógála. Tá neart daoine as an mBrasaíl fostaithe ag an gcomhlacht.

Note: See translation in the Key to Exercises.

Indicate how well Máirtín knows each of his languages using vocabulary such as **beagáinín**, **foghlaim**, **líofa**, **maith**, **réasúnta**, and **rómhaith**. E.g., Béarla → Tá Béarla líofa aige. Tá a chuid Béarla réasúnta maith.

1 Gaeilge
2 Iodáilis
3 Portaingéilis

7.9 Dealing with difficulties in communication (Audio 2:9)

In the dialogue above we see a number of ways for dealing with difficulties in communication including **Gabh mo leithscéal** "Excuse me," **An féidir leat é sin a rá aríst, le do thoil?** "Can you say that again, please?," and **An bhféadfá labhairt níos airde, le do thoil?** "Could you speak louder, please?" Here are some other helpful expressions.

Tá brón orm. Ní thuigim.	I'm sorry. I don't understand.
Céard a chiallaíonn "Eabhrais"?	What does "Eabhrais" mean?
An bhféadfá é sin a litriú?	Could you spell that?
Níos moille, le do thoil!	Slower, please!
Abair aríst é, le do thoil!	Say it again, please!

7.10 Present-tense verb review
(Audio 2:10)

In the examples above we see the verbs **tuig** "understand" and **ciallaigh** "mean" in the present tense. Let's look at their present-tense conjugation to review verb types.

Present-tense regular verb: first conjugation

tuigim (tuigeann mé)	I understand
tuigeann tú	you understand
tuigeann sí, sé	she, he, it understands
tuigimid (tuigeann muid)	we understand
tuigeann sibh	you understand
tuigeann siad	they understand

Present-tense regular verb: second conjugation

ceannaím (ceannaíonn mé)	I buy
ceannaíonn tú	you buy
ceannaíonn sí, sé	she, he, it buys
ceannaímid (ceannaíonn muid)	we buy
ceannaíonn sibh	you buy
ceannaíonn siad	they buy

 Exercise 6

You are the Headmaster or Principal of a primary school and are in need of a primary-school teacher. You are conducting initial interviews over the phone. How will you deal with the following situations where there are difficulties in communication? A clue has been provided for each. (Translations of prompts are in Key to Exercises.) E.g.,

A: Cén t-ainm atá ort?
B: Treasa Mhic Dhonnchadha. (litriú)
→ An bhféadfá é sin a litriú?

1 A: Cén chéim atá agat?
   B: Tá céim oideachais le matamaitic agus dioplóma sa [. . .]. (abair)

2 A: Cén sórt cleachtadh oibre atá agat?

B: Bhí mé ag múineadh ar feadh bliana i Scoil [. . .]. (tuigim)

3 A: Cén seoladh ríomhphoist atá agat?

B: treasa@paistilegaeilge.com (níos moille)

4 A: An bhfuil fón póca agat? B: Tá. Is 087-93 [. . .] (abair)

Exercise 7

Pick the best answer for each question. E.g., An bhfuil clóscríobh agat?
→ Tá. Agus tá mé réasúnta maith ar an ríomhaire.

1 Cé mhéad teanga atá agat?

2 An breá leat a bheith ag péinteáil?

3 An bhfuil scileanna idirphearsanta maithe agat?

4 Cén chaoi a bhfuil sé ag éirí leat?

5 Cé chomh maith is atá do chuid Gaeilge?

6 Céard a chiallaíonn "Eabhrais"?

a. Trí cinn. Tá Gaeilge, Béarla, agus Gearmáinis agam.

b. Maith go leor.

c. "Hebrew."

d. Tá mé ag foghlaim fós.

e. Is breá. Is breá liom a bheith ag líniú freisin.

f. Tá. Is maith liom a bheith ag obair le daoine.

7.11 Vocabulary building

(Audio 2:11)

In the first part of this chapter we saw **ag éirí** "getting on." **Éirí**, which literally means "rising," can be used to express a variety of meanings as seen below, including "becoming" and "quitting" among others.

éirí as	to quit
éirí as an nós	to kick the habit
éirí as na toitíní	to give up smoking [literally, "quitting from the cigarettes"]
éirí bréan de	to be tired of/to be disgusted by something
éirí cairdiúil le	to become friendly with
éirí caol	to lose weight/become thin

éirí lag	to become weak
éirí ramhar	to gain weight/become heavy
éirí saibhir	to become rich
éirí tógtha	to get worked up

 7.12 Pronunciation (Audio 2:12)

To express that something is or isn't "too" good and so on, we use the prefix **ró-** "too." Note that we do not use a hyphen with **ró-** unless the word that follows it begins with a vowel. If the first letter of the following adjective is a consonant, we lenite it if possible. However, **an-** is always prefixed to words with a hyphen. It indicates that something is "very" good and so on. **An-** also causes lenition. When preceded by **go**, an *h* is prefixed to **an** as in **go han-mhaith** "very good." When pronouncing a word that contains a prefix such as **an-** or **ró-**, we pronounce both the prefix and the adjective with equal stress, as if they are two words. Hence, **ró-óg** "too young" has double stress, meaning that there is equal stress on **ró-** and **óg**. Similarly, **rómhaith** and **an-mhaith** are each pronounced as having double stress.

 Exercise 8 (Audio 2:13)

Read the advertisement below, placed in a newspaper by a radio station. What types of skills will the employee need to have? Use the vocabulary which we learned in this chapter.

Tá **Scéalta na Gaeltachta** (gach oíche Dé Máirt, 7:30-8i.n.) ag lorg comhfhreagraithe ó na ceantair éagsúla Gaeltachta chun tuairisc a thabhairt ar imeachtaí agus nuacht áitiúil. Má tá spéis agat bheith mar chuid d'fhoireann Scéalta na Gaeltachta, bí i dteagmháil linn ar 01-6616333 nó ag eolas@raidionalife.ie. Bí le Raidió na Life, Guth na Cathrach. www.raidionalife.ie

Note: A translation can be found in the Key to Exercises.

Grammar notes

For the more advanced students who are using this book to refresh their Irish-language proficiency, we will end this unit with a few grammar notes.

- While we are used to seeing eclipsis after the question auxiliary **An** as in **An bhfuil tú ag teacht?** "Are you coming?," adjectives are not eclipsed in questions such as **An breá leat an post sin?** "Do you like that job/position?" (**breá** is not eclipsed).
- Note in this unit, we see lenition after **mar** and **ar**.
- After the expressions **do chuid** and **beagáinín**, we use the genitive form of the names of languages.
- The **is** in **Cé chomh maith is atá do chuid Gaeilge?** "How good is your Irish," is the contracted form of **agus**. The pattern **Cé chomh +** adjective + verb requires **is** between the adjective and verb.

Unit 8
Ag cur síos ar chúrsaí oibre

Describing employment situations

In this unit we will look at:

- asking others about their jobs
- asking questions in the present tense
- asking how a person likes his or her job
- the **is** verb
- variation in form of the preposition meaning "in"
- asking for details regarding scheduling

Dialogue 15

What job do you have? (Audio 2:14)

Jean (a Frenchman) and Caitríona have met for the first time this evening at the community center in Camas where they are attending an Irish-language conversation class for adults whose native language is not Irish.

Jean:	Dia dhuit.
Caitríona:	Dia is Muire dhuit. Is mise Caitríona.
Jean:	Is mise Jean. Tá blas Chonamara ar do chuid Gaeilge. An as an gceantar seo thú?

DOI: 10.4324/9781003208587-9

Caitríona:	Is as Contae Mhuineacháin mé féin. Is as Ros Muc m'fhear. Is bean tí mé agus ní bhíonn mórán seans agam labhairt le daoine eile seachas m'fhear agus mo chlann. Cén obair a dhéanann tú?
Jean:	Is clódóir mé. Tá mé ag obair in Indreabhán. Is post sealadach é, ach is banaltra í mo bhean agus is post buan é sin. Mar sin tá muid ceart go leor. Rugadh agus tógadh í i Ros an Mhílí, ach tá cónaí orainn i Leitir Mucú anois. Is as an bhFrainc mé féin.
Caitríona:	Tá m'fhear dífhostaithe faoi láthair.
Jean:	Cén post a bhí aige?
Caitríona:	Is meicneoir é. Ní maith leis an obair sin níos mó. Ba mhaith leis a bheith ag obair le ríomhairí. Tá sé ag déanamh cúrsa ar an gCeathrú Rua faoi láthair.

Note: See translation after the Key to Exercises.

8.1 Vocabulary (Audio 2:15)

airgeadóir	cashier, teller
aisteoir	actor
bainisteoir	manager
banaltra	nurse
bean tí	housewife
bláthadóir	florist
buachaill siopa	shop assistant (male)
búistéara	butcher
caiptín	captain
clódóir	printer
craoltóir	broadcaster
cailín siopa	shop assistant (female)
dochtúir	physician (doctor)
freastalaí	server (in restaurant, etc.)
gruagaire	hairdresser
iníon léinn	female student (university)

leabharlannaí	librarian
léachtóir	lecturer (university)
mac léinn	male student (university)
meicneoir	mechanic
múinteoir	teacher
poitigéara	chemist (pharmacist)
rúnaí	secretary
sagart	priest
tiománaí	driver
tógálaí	builder

Note: While **banaltra** is heard in the oral language of the people, you will hear and see **altra** in official communications. The prefix **ban-** literally refers to the "female" version of the word as seen in **bandochtúir** "woman doctor" and **bangharda** "policewoman" and the prefix is falling out of use as are "woman" and "ess" in English. **Captaen** is the Standard Official Irish spelling and pronunciation.

Exercise 1

Match each vocabulary word with the typical workplace.

1	airgeadóir	a.	amharclann
2	aisteoir	b.	bád
3	bean tí	c.	banc
4	caiptín	d.	bialann
5	craoltóir	e.	bus
6	cailín siopa	f.	cógaslann
7	dochtúir	g.	ionad sláinte
8	freastalaí	h.	leabharlann
9	leabharlannaí	i.	oifig
10	léachtóir	j.	ollscoil
11	meicneoir	k.	scoil
12	múinteoir	l.	séipéal
13	poitigéir	m.	siopa

14 rúnaí	n. stáisiún peitril
15 sagart	o. stáisiún raidió
16 tiománaí	p. teach lóistín

8.2 Irish culture

Job opportunities

Tuairisc office in Bearna. Photo by Tomás Ó hÍde.

Not so many years ago, the situation of switching jobs was uncommon in Ireland. People typically stayed in the initial job that they obtained after completing their education and remained there performing many years of loyal service.

Positive changes in the economy mean that people have more options in career decisions and the possibility for some change. The notable number of vacancy notices (**folúntais**) carried on the website Peig.ie, for example, attests to the increasing number of opportunities.

While there are more employment opportunities now, there are also more people seeking work. All those with European Union passports now are able to apply for a position without the extra effort of obtaining a work visa.

8.3 Asking others about their jobs
(Audio 2:16)

To ask someone what they do, you can say **Cén obair a dhéanann tú?** "What job do you do?" or **Cén post atá agat?** "What job/position do you have?" For jobs such as those listed in our vocabulary section,

you can reply **Is** _____ **mé** "I am _____." To ask
where someone is working you can say **Cén áit a bhfuil tú ag obair?**
"Where do you work?" And to respond, you can say **Tá mé ag obair i**
_____ "I am working in _____." If you are self-em-
ployed, you can say **Tá mé féinfhostaithe** "I am self-employed."

Cén post atá agat?	What's your job?
Is léachtóir mé.	I'm a university lecturer (instructor).
Cén post atá agatsa?	What's _your_ job?
Tá mé dífhostaithe.	I'm unemployed.

8.4 Asking questions in the present tense (Audio 2:17)

In each unit we have seen the structure **An bhfuil?** "Is/Are?" to ask
questions with the **bí** verb. The negative of that is **Nach bhfuil?** "Isn't/
Aren't?" When creating questions for the **is . . . mé** structure, you can
use **an** in the positive and **nach** in the negative as in **An tusa an múin-
teoir?** and **Nach tusa an múinteoir?**

When using question words such as **cé**, **céard**, and **cén**, the ques-
tion word or words are followed by the particle **a** and the simple present
form of the verb. This verb is lenited if possible.

Nach bhfuil tú féinfhostaithe?	Aren't you self-employed?
An tusa an leabharlannaí?	Are _you_ the librarian?
Céard a dhéanann tú sa bpost sin?	What do you do in that job?
Cén áit a bhfuil tú ag obair?	Where do you work?

8.5 Asking how a person likes his or her job (Audio 2:18)

In the last few units, we have seen the expression **is maith liom** and **ní
maith liom** to express likes and dislikes. Therefore, the question here
could be **An maith leat do phost?** Another way of asking this that we

have not previously seen is **An dtaitníonn an post leat?** The verb **taitin** means "to like" or "to please."

An maith leat do phost?	Do you like your job?
Is breá liom é!	I love it!
Tá sé ceart go leor.	It's good enough.
An dtaitníonn an post leat?	Do you like the job?
Taitníonn sé go mór liom.	I like it very much. (Literally, "It pleases much with me.")

Exercise 2

Provide the missing words for each dialogue. Note that **Ionad Leighis** means "medical center." **Ionad Sláinte** is another commonly used term meaning "health center."

1 A: Cén obair a_____ tú?
   B: _____ poitigéir _____.
   A: Cén áit a _____ tú ag obair?
   B: Tá _____ ag obair _____ gCógaslann an Spidéil.

2 A: Cén post atá _____?
   B: _____ banaltra mise.
   A: Cén _____ a bhfuil _____ ag _____ ?
   A: _____ mé _____ obair _____ Ionad Leighis.

3 A: Cén _____ a dhéanann Sorcha?
   B: Is _____ í. Tá sí ag obair i mBanc na hÉireann. Céard fútsa?
   A: _____ aisteoir mise. Tá mé _____ obair san _____ i nGaillimh.

Exercise 3

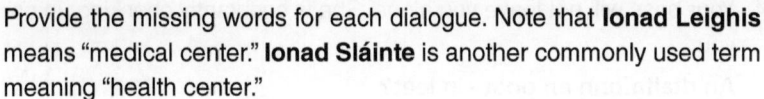

Create questions for each answer. E.g., Níl mé ag obair san ollmhargadh anois. → An bhfuil tú ag obair san ollmhargadh fós?

1 Is mé. Is mise an garda.

2 Déanaim chuile rud sa bpost sin.

3 Tá mé ag obair i gCló Iar-Chonnacht sa Spidéal.

4 Is mé. Tá mé féinfhostaithe. Bím ag taisteal timpeall na tíre. Tá mo leoraí féin agam.

Exercise 4

Respond to each question after reading the scenario.

1 Your part-time job does not pay well and the hours are not convenient.

   An maith leat do phost?

2 You have a new job that pays twice what you were previously earning.

   An dtaitníonn an post nua leat?

3 Your job permits you to work flexible hours. You make your own schedule.

   An maith leat an post sin?

4 Your boss will not leave you alone. She is constantly checking up on you.

   An dtaitníonn an post sin leat?

Dialogue 16

Comparing university schedules (Audio 2:19)

Liam, Gráinne, Tomás, and Eilís are new students at the National University of Ireland, Galway, who have just met at a pub frequented by university students in Galway City.

Liam:	An mic léinn sibh in Ollscoil na hÉireann, Gaillimh?
Tomás:	'Sea. Is mic léinn iarchéime mé féin agus Gráinne. Céard fúibhse?
Eilís:	Is mac léinn páirtaimseartha mé. Tá mé ag déanamh dioplóma san aisteoireacht. Céard fútsa, a Liam?
Liam:	Is mac léinn bunchéime mé. Tá mé ag déanamh cúrsa altranais. Tá mé sa gcéad bhliain. Cé na huaireanta a mbíonn sibh ag freastal ar bhur gcuid cúrsaí?
Gráinne:	Tá mé féin agus Tomás ag déanamh céimeanna taighde agus mar sin níl uaireanta cinnte againn. Bíonn muid sa leabharlann agus sa tsaotharlann an chuid is mó den am.

Eilís:	Bíonn mo chuid ranganna ar siúl ag a ceathair a chlog chuile thráthnóna. Oibrím óna naoi a chlog go dtí a haon a chlog sa siopa leabhar.
Gráinne:	Bíonn tú an-ghraitheach! An maith leat do phost?
Eilís:	Ní maith liom ar chor ar bith é. Tá mé ag tóraíocht post nua faoi láthair.

Note: See translation after the Key to Exercises. Note that the standard word for "busy" is "gnóthach."

8.6 The is verb (Audio 2:20)

We have learned that the word order with the **is** verb (the copula) sentence is **Is múinteoir mise** "*I* am a teacher." When the Irish definite article **an** "the" is placed before the noun, we reverse the order and say **Is mise an múinteoir**. This is also the case with talking about others. **Is banaltra í** "She is a nurse" and **Is í an bhanaltra í** "She is the nurse." Note that for **é**, **í**, and **iad**, the pronoun is repeated.

Is craoltóir thusa.	*You* are a broadcaster.
Is tusa an craoltóir.	*You* are the broadcaster.
Is é Mícheál an craoltóir.	Mícheál is the broadcaster.
Is é an craoltóir é.	He is the broadcaster.

When saying "Mícheál is the broadcaster," the pronoun **é** is typically added right after the verb although it doesn't show in the translation. If the subject is feminine, use **í** and if the subject is plural, use **iad**.

Exercise 5

Place the following words in the correct order to create meaningful sentences.

1 Feargal an is rúnaí é.

2 í is an í poitigéir.

3 is é é sagart an.

4 is thusa tiománaí.

5 is í freastalaí.

6 an tusa caiptín is.

8.7 Variation in forms of the preposition meaning "in" (Audio 2:21)

The Irish preposition **i** means "in" in English. As we saw in Unit 2, it causes eclipsis when used on its own as in **i dteach tábhairne** "in a pub." When the following noun begins with a vowel, **i** changes to **in**. When combined with **an**, **i** becomes **sa** before a word starting with a consonant and **san** before a word starting with a vowel. **Sa** causes eclipsis as well. **I** combined with **na** produces **sna**.

Is mic léinn iad in Ollscoil na hÉireann, Gaillimh	They are students at the National University of Ireland, Galway.
Tá mé ag déanamh dioplóma san aisteoireacht.	I am doing a diploma in the [study of] acting.
Bíonn muid sa mbialann gach lá.	We are in the restaurant each day.

8.8 Asking for details regarding scheduling (Audio 2:22)

As a final language point for this unit, we need to mention how to ask about someone's work schedule. You can ask **Cé na huaireanta a mbíonn tú ag obair?** as we saw in the dialogue above. Here we will need to combine **ó** "from" with the counting particle **a** to form **óna**.

Cé na huaireanta a mbíonn tú ag obair?	What are the hours that you are [usually] working?
Bím ag obair óna naoi a chlog go dtí a cúig.	I [usually] work from nine o'clock to five.
Cé na huaireanta a n-oibríonn tú?	What are the hours that you work?
Oibrím óna naoi a chlog go dtí a haon a chlog.	I work from nine o'clock to one o'clock.

Exercise 6

Practice saying where you want to get a job. E.g., Tá mé ag iarraidh post a fháil (i + Baile Átha Cliath) → i mBaile Átha Cliath.

Tá mé ag iarraidh poist a fháil

1 i + Cúige Chonnacht
2 i + An Clochán
3 i + Gaillimh
4 i + Áth Cinn
5 i + Na Forbacha

Exercise 7

Complete the following sentences using the indicated times to describe from what time to what time you work.

1 09:00–17:00: Bím
2 10:30–14:30: Oibrím
3 08:15–13:00: Bím
4 13:00–18:30: Oibrím

Exercise 8 (Audio 2:23a)

Arrange the following professions by the place where they complete most of their daily tasks (note that the standard word for "farmer" is "feirmeoir"):

oifig	office
ceardlann	workshop
scoil	school
amuigh faoin aer	outdoors
rúnaí	secretary
stiúrthóir	director
fiaclóir	dentist
feilméara	farmer
ollamh	professor
léachtóir	lecturer
máistir	master – male teacher
máistreás	mistress – female teacher

príomhoide	principal
múinteoir	teacher
garda	police officer
siúinéara	carpenter
criadóir	potter

 ## 8.9 Describing your job (Audio 2:23b)

The following adjectives can be used to better describe your job. They can be used to describe the word **post** as in the following example: **Is post lánaimseartha é** "It's a full-time position."

buan	permanent
lánaimseartha	full-time
páirtaimseartha	part-time
sealadach	temporary

Lastly, here are two new nouns relating to employment:

pá	pay
tuarastal	salary

 ## 8.10 Pronunciation (Audio 2:23c)

While we can answer questions about our job choices with **Is mé** "I am" or **ní mé** "I am not," we can also use the more general responses of "it is (so)" and "it isn't (so)." In Unit 2, we were introduced to **is ea** and **ní hea** when discussing nationality. We can use these short responses when discussing our jobs as well. Remember that **is ea** is pronounced as if spelt **'sea**.

An dlíodóir tú?	Are you a lawyer?
Is ea ['sea]. Is dlíodóir gnó mé.	Yes. I am a business lawyer.

Similarly, in this unit, we have seen **is é** and **is í**. These are usually pronounced as if spelt **'sé** and **'sí**.

Exercise 9 (Audio 2:24)

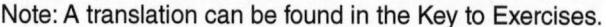

Read the paragraph below, which uses vocabulary and structures from this chapter. Then attempt to write a paragraph about yourself modeled on the sample.

Is múinteoir mé. Tá mé ag obair sa Scoil Náisiúnta ar an Tulaigh. Is post buan é. Tá mé ag múineadh rang a haon agus a dó. Bím ag obair óna naoi a chlog go dtí a leathuair tar éis a dó. Taitníonn mo phost liom.

Note: A translation can be found in the Key to Exercises.

Unit 9
Bia, deoch, agus ceol

Food, drink, and music

In this unit we will look at:

- ordering and offering drink
- describing nationality and location
- discussing music as well as one's job
- using plural nouns
- comparing the use of **tá** and **is**
- forming questions and negative statements with **tá**

Dialogue 17

Meeting at the pub (Audio 2:25)

Seán meets Mícheál in a pub and drinks are ordered.

Seán:	Cén chaoi a bhfuil tú?
Mícheál:	Tá mé go maith, buíochas le Dia.
Seán:	An bhfuil tart ort?
Mícheál:	Tá. (*leis an bhfreastalaí*) Pionta pórtair, le do thoil. (*le Seán*) Agus tú féin, céard a ólfaidh tusa?
Seán:	(*leis an bhfreastalaí*) Ólfaidh mé buidéal beorach, le do thoil. (*le Mícheál*) An bhfuil aon scéal agat anocht?

DOI: 10.4324/9781003208587-10

Mícheál:	Níl scéal ar bith agam. An bhfuil tú ag obair i mBóthar na Trá fós?
Seán:	Níl. Tá mé ag obair i nGaillimh in oifig dlíodóra, agus tú féin?
Mícheál:	Níl mé ag obair faoi láthair. Tá mé dífhostaithe.
Seán:	An bhfuil ocras ort? An itheann tú iasc? Tá an t-iasc anseo an-bhlasta.
Mícheál:	Ní maith liom iasc. Céard eile atá acu anseo le n-ithe?

Note: See translation after the Key to Exercises.

9.1 Vocabulary (Audio 2:26)

The genitive singular of most words has been indicated after the common singular form. We will make use of the genitive forms later in this unit.

arán, aráin	bread
bagún, bagúin	bacon (ham)
bainne, bainne	milk
beoir, beorach	beer (lager)
bia te	hot food
caife, caife	coffee
déirí	dairy
im, ime	butter
feoil, feola	meat
fíon, fíona	wine
fuisce, fuisce	whiskey
glasra, glasra	vegetable
iasc, éisc	fish
fata, fata	potato
pórtar, pórtair	porter (stout)
rís, ríse	rice
siúcra, siúcra	sugar
tae, tae	tea

| ubh, uibhe | egg |
| uisce, uisce | water |

Here are a few plural forms. Note that the genitive plural is identical for these words.

glasraí, glasraí	vegetables
fataí, fataí	potatoes
uibheacha, uibheacha	eggs

Note: A rasher (slice of bacon) is called a **slisín**. The word **sliseog** (thin slice) may be used for foods such as bacon or bread.

Exercise 1

Where would you find each of the items in the vocabulary list above in a supermarket? Put each of the nouns (common form) in the supermarket departments below.

Déirí:

Feoil Úr:

Bia Te:

Fíon:

Glasraí & Torthaí: Arán:

Photos by Tomás Ó híde.

9.2 Irish culture

Pubs

Health and life with Guinness. Photo by Tomás Ó híde.

The pubs throughout Ireland are great meeting places. They typically offer food in addition to beverages. Many pubs often have music at the weekends as well. Traditionally, throughout the country, the national anthem was sung at closing time. Whether in an Irish- or English-speaking village, the anthem was generally sung in Irish and still is in some pubs today.

In recent years, it has become more common to drink tea or coffee in a pub as well as to order food. With the enforcement of drink driving laws, a pub gathering is becoming less about drinking and more about gathering with others. People now go to the pub for a break and chance to meet up with friends or for a structured gathering such as a language conversation group or a book club.

Pubs close at a designated time throughout the country. While they close very early by some standards, they used to close much earlier. However, even then, the evening does not have to be over. The night-clubs open when the pubs close.

9.3 Modifying nouns: genitive case
(Audio 2:27)

In Irish, to express a relationship between two nouns, you use the "genitive" spelling of a word for the second noun. In English, you usually place **of** between the nouns or use **'s** (see examples below). In Irish, the noun describing the main noun is placed second. It often has changes in spelling as required in the genitive case. Note that personal names are lenited (an *h* is added after the first letter of the name to indicate lenition) if they begin with a lenitable consonant (*p, t, c, b, d, g, f, m,* and *s*). Here are some examples:

gloine fuisce	a glass of whiskey
pionta Sheáin	John's pint
doras an tí	the door of the house
cóta Cháit	Cáit's coat
lár na cathrach	the middle of the city

9.4 Indicating likes and dislikes
(Audio 2:28)

To indicate what types of food and drink you like and dislike, you can use the expressions **is maith liom** "I like," **ní maith liom** "I don't like," **is**

breá liom "I love," and **ní breá liom** "I don't love" as we have previously seen. You can also use the simple present to say what you usually eat and drink. Likewise, we can ask others what they eat and drink using the simple present.

An itheann tú iasc?	Do you eat fish?
Ithim chuile shórt bia.	I eat every type of food.
Ní ithim feoil. Is feoilséantóir mé.	I don't eat meat. I am a vegetarian.
An ólann tú fíon?	Do you drink wine?
Ní ólaim ach pórtar. Ní ólaim fíon ná fuisce.	I drink only stout. I drink neither wine nor whiskey.

9.5 Ordering food and drink

While it is important to know how to form complete sentences in Irish, food and drink can often be ordered in a noisy pub by just using a few words or phrases. At the bar, it is not uncommon to just hear the names of drinks used. For example, you might hear, **Pionta Guinness, le do thoil** "A pint of Guinness, please." This method can also be used in the restaurant.

Gloine fíona, le do thoil.	Glass of wine, please.
Tae le bainne, le do thoil.	Tea with milk, please.
An sicín, le do thoil.	The chicken [dish], please.
An bille, le do thoil.	The bill [check], please.

Exercise 2

Place the correct form of the word in parentheses in the blank. Seek out the genitive forms of the words in parentheses from the vocabulary on p. 103. E.g., siléar <u>fíona</u> (fíon)

1 buidéal _____ (beoir)

2 canna _____ (beoir)

3 flaigín _____ (fuisce)

4 leathghloine _____ (fuisce)

5 pionta _____ (beoir)

6 pionta _____ (pórtar)

7 buidéal _____ (fuisce)

Vocabulary

buidéal	bottle	flaigín	flask
canna	can	leathghloine	half-glass
ceaig	keg	siléar fíona	wine cellar

Exercise 3

Draw a line connecting word pairs. E.g., builín _____ aráin

1	dosaen	bagúin
2	paicéad	uibheacha
3	pionta	bainne
4	punt/cileagram	siúcra
5	punt/cileagram	tae
6	sliseog	aráin
7	sliseog	ime

Exercise 4

Write a dialogue similar to the one at the beginning of this unit. This time have the characters ask for a glass of whiskey and a glass of orange juice (**sú oráiste**). Indicate that the second individual is working in the village of Casla as a secretary (**rúnaí**) with Raidió na Gaeltachta. Replace **an t-iasc** at the end of the dialogue with **ispíní agus brúitín** ("bangers and mash," that is, sausages and mashed potatoes).

Dialogue 18

The musician (Audio 2:29)

Tomás meets Siobhán and Máire, members of a band, in a pub.

Tomás:	Cén post atá agaibh?
Máire:	Is ceoltóirí muid. Is amhránaí mise.
Siobhán:	Casaim an giotár agus an fheadóg stáin. Tá mo chuid feadógaí agam anseo i mo mhála.
Tomás:	Cén áit a mbíonn sibh ag casadh bhur gcuid ceoil?
Máire:	Bíonn muid ag casadh sna tithe tábhairne i Woodlawn agus i Manhattan, Nua-Eabhrac.
Siobhán:	Beidh muid sa mBéal Bocht oíche amárach sa mBronx. Caithfidh tú thíocht.
Máire:	Agus beidh muid ag casadh sna tithe tábhairne Tír na nÓg agus Sláinte i Manhattan an deireadh seachtaine seo.

Note: See translation after the Key to Exercises.

Note: The pub An Béal Bocht is named after a famous novel written by Brian Ó Nualláin/Brian O'Nolan, better known as Flann O'Brien or Myles na gCopaleen.

9.6 Plural nouns (Audio 2:30)

One area that requires memorization is the formation of the plurals of nouns. There are many different ways to make a noun plural. Here we look at three such ways. In a later unit, we will see other ways.

Many nouns take -*í* to form the plural. For nouns that end in -óg and -*eog*, we add -*a* in Standard Official Irish. In Cois Fharraige, it is more common to hear -*aí* added to nouns ending in -óg and -*eog*, but the standard form with -*a* is always written. Some nouns have irregular plural forms that are unique.

ceoltóir/ceoltóirí	musician/musicians
feadóg/feadóga	whistle/whistles
bileog/bileoga	sheet/sheets of paper
teach/tithe	house/houses

9.7 Future of "to be" (Audio 2:31)

The future of **bí** (**tá** in the simple present) is **beidh**. We use this future form both for talking about what will be and what is going to be. Just as we can say **Tá Máirtín anseo** "Martin is here" and **Tá Máirtín ag teacht anseo** "Martin is coming here," we can also say **Beidh Máirtín anseo** "Martin will be here" and **Beidh Máirtín ag teacht anseo** "Martin will be coming here."

Tá mo chuid feadóga agam anseo.	I have my whistles here.
Bíonn muid ag casadh sna tithe tábhairne.	We [usually] play in the pubs.
Beidh muid sa mBéal Bocht san oíche amárach.	We will be in An Béal Bocht [a pub] tomorrow night.
Beidh muid ag casadh sna tithe tábhairne.	We will be playing in the pubs.

9.8 Personal pronouns (Audio 2:32)

In Unit 2, we saw the possessive adjectives **mo** and **do**. Now we will look at all of the possessive pronouns. They are **mo** "my," **do** "your, sing.," **a** "his, its," **a** "her, its," **ár** "our," **bhur** "your, plur.," and **a** "their." **Mo, do**, and **a** "his" cause lenition to take place in the following noun. **Mo** and **do** are shortened to **m'** and **d'** before vowels. The plural forms, **ár, bhur**, and **a**, cause eclipsis and prefix *n-* to vowels. **A** "her" causes no change to the following noun with the exception of *h* being prefixed to nouns beginning with vowels.

Tá mo ghiotár briste.	My guitar is broken.
Tá do theach ar an tsráid seo.	Your house is on this street.
Tá bhur gcairde ag ól piontaí.	Your friends are drinking pints [of stout].
Is í an bhean sin a mháthair.	That woman is his mother.

Exercise 5

Provide the plural form of each noun using the rules indicated above.

múinteoir	teacher
dlíodóir	lawyer
féasóg	beard
putóg	pudding
spúnóg	spoon

1 an múinteoir   na _____
2 an dlíodóir   na _____
3 an fhéasóg   na _____
4 an phutóg   na _____
5 an spúnóg   na _____

Exercise 6

Change the following sentences from the present tense to the future tense. Here is some new vocabulary: **úr, úra** "fresh," **deas, deasa** "nice." E.g., Tá arán deas úr in Ollmhargadh Uí Loideáin inniu. → Beidh arán deas úr in Ollmhargadh Uí Loideáin amárach.

1 Tá glasraí deasa sa gCiseán Torthaí inniu.
2 Tá uibheacha úra i Siopa Uí Sheaghdha inniu.
3 Tá John Beag Ó Flatharta ag casadh i Réalt na Maidine anois.
4 Tá Annamaria Nic Dhonnacha ag casadh i dTigh Chualáin anois.
5 Tá Beairtle Ó Domhnaill ag casadh i dTigh Hughes anois.

Exercise 7

Lenite, eclipse, or prefix letters as required. E.g., mo + glúin → mo ghlúin.

Vocabulary			
ceann	head	**lámh**	hand
cosa	feet	**méar**	finger
glúin	knee	**uillinn**	elbow
gualainn	shoulder		

1 do + méar
2 a (her) + uillinn
3 a (his) + gualainn
4 mo + lámh
5 mo + uillinn
6 a (their) + cosa
7 mo + ceann

9.9 The Irish fry (Audio 2:33)

The most notable meal in Irish culture is perhaps breakfast. Among the items that might make up an "Irish fry" are: **slisíní** "rashers," **ispíní** "sausages," **uibheacha** "eggs," **tósta** "toast," **arán donn** "brown bread," **fataí** "potatoes," **putóg bhán** "white pudding," **putóg dhubh** "black pudding," and **pónairí** "baked beans." When eating an Irish breakfast later in the morning (or day) you may also be offered **sceallóga** "chips/ French fries." Typically, you would have **sú oráiste** "orange juice" and **tae** with breakfast. Note that **putóg** as used above refers to stuffed cooked intestine.

9.10 Pronunciation (Audio 2:34)

As you work through this book, you will increase in your ability to figure out how words are pronounced by looking at the spelling of the word. However, one area where this is extremely difficult concerns words that have a syllable that is not represented in spelling. Here we focus on words with *lm* or *rm*. **Feilméara** "farmer" appears to be three syllables, but it actually is pronounced as four, with a schwa sound /ə/ (uh – like the *a* in "about") between the *l* and the *m*. Another example is the very common word **gorm** "blue." It appears to be one syllable, but it actually is pronounced as two, /gorəm/.

calm	calm, quietness, peace
Colm	man's name
feilm	farm

gairmscoil	vocational school
talmhaíocht	agriculture
stoirm	storm

Exercise 8 (Audio 2:35)

Read the article below about Altan, the Donegal traditional Irish music group. Then answer the questions, responding with **Fíor** "True" or **Bréagach** "False." You do not need to understand every word in the text to complete the exercise.

Is as Dún na nGall neart de na grúpaí ceoil traidisiúnta faoi láthair. Is é Altan ceann de na grúpaí is cáiliúla. Tá siad ag casadh ceoil traidisiúnta le blianta anois agus tháinig a gcéad albam amach i 1988. Is í Mairéad Ní Mhaonaigh príomhamhránaí an ghrúpa. Casann sí an fhidil freisin. Is cainteoir dúchais Gaeilge í Mairéad. Casann Ciarán Tourish an fhidil agus an fheadóg stáin. Casann Dermot Byrne an bosca ceoil agus an mileoidean. Casann Ciarán Curran, Mark Kelly, agus Dáithí Sproule giotár agus bíonn Mark agus Dáithí ag canadh freisin. Tá Dáithí Sproule ina chónaí i Meiriceá anois.

1 Is as an nGaeltacht í Mairéad Ní Mhaonaigh.

2 Casann Mark Kelly giotár agus canann sé freisin.

3 Tá Dáithí Sproule ina chónaí in Éirinn.

4 Is amhránaí é Dermot Byrne.

5 Tá beirt fhidléirí ag an ngrúpa sin.

Unit 10
Sláinte
Health

In this unit we will look at:

- indicating how you are feeling
- asking health questions
- expressing sympathy to others
- forming and using the simple past
- using the imperative mood
- inquiring about improvements in health
- prepositions **ag** and **ar** with pronouns
- making comparisons

Dialogue 19

A pain in the neck (Audio 2:36)

Páidín tells Mairéad about his health problems.

Páidín:	Cén chaoi a bhfuil tú, a Mhairéad.
Mairéad:	Tá mé ag coinneáil ag imeacht, a Pháidín. Céard fútsa?
Páidín:	Níl mé ag aireachtáil go maith ar chor ar bith.
Mairéad:	Céard atá ort?
Páidín:	Ghortaigh mé mo mhuineál cúpla mí ó shin. Tá mé níos fearr anois ach bíonn pian orm uaireanta.

DOI: 10.4324/9781003208587-11

Mairéad: An raibh tú ag an dochtúir?
Páidín: Bhí. Thug sí oideas dom agus fuair mé an cógas sa gcógaslann ach cuireann an cógas sin tuirse orm.
Mairéad: Bhuel, tá súil agam go mbeidh biseach ort go luath.

Note: See translation after the Key to Exercises.

10.1 Vocabulary (Audio 2:37)

In Unit 9, we were introduced to the parts of the body. Here are some of the common ailments or words used to describe medical situations.

fail	hiccups
gearradh	cut
tá mé gearrtha I	cut myself
scornach thinn	sore throat
scríob	scratch
slaghdán	cold
tinn	sick
tinneas cinn	headache
tinneas fiacaile	toothache
ag caitheamh amach	throwing up
ag casacht	coughing
ag crapadh	contracting, pulling up (sleeve)
crap suas do mhuinchillí	pull up your sleeves
ag sraothfairt	sneezing

Exercise 1

Fill in a body part most commonly associated with the following ailment.

1 fail

2 ag caitheamh amach

3 ag casacht

4 ag sraothfairt

béal	mouth
bolg	stomach
cloigeann	head
cos	feet
glúin	knee
gualainn	shoulder
lámh	hand
méar	finger
scornach	throat
srón	nose
uillinn	elbow

10.2 Irish culture

Medical services

An Cheathrú Rua health center. Photo by Tomás Ó hÍde.

Ireland is a country that has provided medical services to its entire population at minimal cost. However, in the past few decades, the practice of taking out private insurance policies has become more widespread. With private health insurance, participants have greater flexibility in scheduling medical services and also can expect more comfortable surroundings when hospitalized.

While in urban areas individuals have many options regarding medical services, in rural areas these services are often limited as a result of a lack of practitioners. This is especially true in many of the Gaeltacht areas. For example, while the Government may cover dental treatment of school-aged children, there is no guarantee that a dentist will set up a practice in a given Gaeltacht area, and a population may remain underserved for a number of years while the Government seeks to fill a position.

In recent years, a greater appreciation of the value of providing these medical services in people's first language has arisen. As a result, there is not only a need for medical services in rural areas, but, in addition to this, there is a constant need for Irish-speaking medical practitioners in many of the Gaeltachtaí.

10.3 Indicating how you are feeling
(Audio 2:38a)

To ask and express how we feel, we learned initially that we can use expressions such as **Cén chaoi a bhfuil tú? Tá mé go maith. Níl mé go maith**. For greater detail in expressing how you feel, you can use the expression, **ag aireachtáil** "feeling," and the name of specific maladies.

Níl mé ag aireachtáil go maith.	I am not feeling well.
Tá mé ag aireachtáil go dona.	I am feeling poorly.
Tá mé tinn.	I am sick.
Tá feabhas ag teacht orm.	I am improving.
Tá mé i bhfad níos fearr.	I am much better.

10.4 Asking and indicating health questions (Audio 2:38b)

To ask how someone is feeling, you can say **Cén chaoi a bhfuil tú?** If you notice that someone is not feeling well, you can say **Céard atá ort?**

Céard atá ort?	What is [wrong] with you?
Ghortaigh mé mo mhuineál.	I hurt my neck.
Cuireann an cógas tuirse orm.	The medication makes me tired.
Tá slaghdán orm.	I have a cold.

10.5 Expressing sympathy
(Audio 2:38c)

There are a number of expressions that you will come across that are used to express sympathy.

Tá súil agam go mbeidh biseach ort go luath.	I hope you get better soon.
Is mór an trua sin.	That's a shame.
Tá brón orm sin a chloisteáil.	I'm sorry to hear that [a great pity].
Ní maith liom do thrioblóid.	I'm sorry for your loss. [Said to a person who has had someone close to them die.]

Exercise 2

Fill in the blanks with the following words: **aireachtáil, ag, bhfuil, céard, chaoi, mé, ní, raibh, slaghdán, tinn**.

1 Cén ____ a ____ tú?

2 Níl ____ ag ____ go maith.

3 ____ atá ort?

4 Tá mé ____. Tá ____ orm agus ní féidir liom codladh.

5 An ____ tú ____ an dochtúir?

6 ____ raibh. Tá mé ag dul go dtí an t-ionad leighis inniu.

10.6 Simple past (Audio 2:39a)

We have already seen the past form of the **bí** verb (**bhí**). The independent form **bhí** is used in all persons (first, second, third) and numbers (singular/plural) in the Irish of Cois Fharraige. The dependent form (with **an** [question], **go** [that], and **ní** [negative]) is **raibh**. **Raibh** is also used for all persons and singular/plural.

Was/were	Was not/were not
bhí mé	ní raibh mé
bhí tú	ní raibh tú
bhí sé	ní raibh sé
bhí sí	ní raibh sí
bhí muid	ní raibh muid
bhí sibh	ní raibh sibh
bhí siad	ní raibh siad

10.7 Past forms (Audio 2:39b)

Here are the past tense forms of two verbs that we can use to describe our health. The past is formed by taking what we have been using as the base form of the verb and leniting it if required. In Cois Fharraige Irish, there is only one form used for all persons and for singular/plural (as with **bí**).

bris "break"
bhris mé
bhris tú
bhris sé
bhris sí
bhris muid
bhris sibh
bhris siad

gortaigh "hurt"
ghortaigh mé
ghortaigh tú
ghortaigh sé
ghortaigh sí
ghortaigh muid
ghortaigh sibh
ghortaigh siad

Exercise 3

Use the past tense of the **bí** verb in your answer to each of these sentences. Respond in the positive or negative as indicated. E.g., An raibh tú ag an bhfiaclóir?

(+) Bhí mé ag an bhfiaclóir.
(–) Ní raibh mé ag an bhfiaclóir.

1 An raibh tú ag an ospidéal? (–)
2 An raibh tú ag an ionad leighis? (+)
3 An raibh tú ag an gcógaslann? (–)
4 An raibh tú ag an ionad sláinte? (+)

Note: **ag an** "at the" causes eclipsis in nouns beginning with *b, c, f, g,* and *p.*

Exercise 4

Céard a tharla? "What happened?" Below, ask what happened in each sentence. The base forms of the verbs are given. Place in the past tense.

1 _____ (bris) mé mo chois.
2 _____ (gortaigh) tú do lámh.
3 _____ (leon) mé mo rúitín.
4 _____ (buail) tú do cheann.
5 _____ (bris) mé méar mo choise.
6 _____ (dún) sí an doras ar mo lámh.
7 _____ (dóigh) mé mo lámh ar an sorn.

Vocabulary

bris	break	**dún**	close
buail	hit	**gortaigh**	hurt
dóigh	burn	**leon**	sprain

Dialogue 20

A visit to the medical center (Audio 2:40)

Mícheál sees Dr. de Búrca regarding a recent injury.

Mícheál:	Dia dhuit, a dhochtúir.
An Dr. de Búrca:	Dia's Muire dhuit. Cén chaoi a bhfuil tú?
Mícheál:	Níl mé rómhaith. Tá pian i mo lámh.
An Dr. de Búrca:	Suigh síos anseo agus crap suas do mhuinchille.
Mícheál:	Tá ballbhrú orm anseo. Sin an áit ar bhuail mé mo lámh ar dhoras an chairr.
An Dr. de Búrca:	An bhfuil pian ort anseo? Céard faoi anseo?
Mícheál:	Tá. Tá drochphian orm ansin.
An Dr. de Búrca:	Cuir an t-ungadh seo ar do lámh 'chuile mhaidin agus 'chuile oíche. Tar ar ais anseo i gceann coicíse.

Note: See translation after the Key to Exercises.

10.8 Imperative mood (Audio 2:41)

When you need to tell someone what to do, you use the imperative tense of the verb: **imigh leat** "go" and **tar anseo** "come here."

suigh síos	sit down (sing.)
crap suas do mhuinchille	roll up your (sing.) sleeve
cuir ort é sin	put this on you (sing.)
tar ar ais aríst	come back again (sing.)
seasaigí	stand up (plur.)
cuirigí oraibh	put this on you (plur.)

When using the imperative mood, we not only address one person (**Imigh!** "Go!") or more people (**Imígí!** "Go!"), but we also often address a group of people that includes ourselves: **Imímis** "Let's go!" However, in this unit, we will just focus on the second person singular and plural as in **imigh** and **imígí**.

Base form	Singular	Plural	
cuir	**cuir**	**cuirigí**	put
seas	**seas**	**seasaigí**	stand
suigh	**suigh**	**suígí**	sit
tar	**tar**	**tagaigí**	come

Exercise 5

Throughout this book, we have been using the second-person singular imperative form of verbs when identifying them. As you learn each new verb in this book, you will also be learning how to say a command to one person. Fill in the blanks below, indicating the base or imperative forms of the verbs as requested.

Base form	Singular	Plural
1 téigh (go)	_____	téigí
2 _____ (play music)	cas	casaigí
3 imir (play sports)	_____	imrígí
4 déan (do)	déan	_____
5 éist (listen)	_____	éistigí
6 léim (jump)	léim	_____

 ## 10.9 Inquiring about improvements in health (Audio 2:42)

When you wish to ask someone if they are feeling better, you can say **An bhfuil tú níos fearr?** "Are you better?" Some possible responses to this question would include the following.

An bhfuil tú níos fearr?	Are you better?
Tá, go raibh maith agat.	Yes, thank you.
Níl, tá mé níos measa.	No, I am worse.
Tá mé ag aireachtáil níos fearr anois.	I am feeling better now.

10.10 Prepositions *ag* and *ar* with pronouns (Audio 2:43)

We have already seen the preposition **ag** meaning "at" with personal pronouns making the following forms:

agam	at me
agat	at you
aige	at him
aici	at her
againn	at us
agaibh	at you
acu	at them

We have seen a few forms with **ar** "on." For the first time we list them all here.

orm	on me
ort	on you (sing.)
air	on him
uirthi	on her
orainn	on us
oraibh	on you (plur.)
orthu	on them

10.11 Making comparisons
(Audio 2:44)

To compare your health from how it was previously to how it is now, use the comparative adverb **níos**, "more." We have seen a number of comparative constructions in previous units, including **níos airde** "higher," **níos moille** "slower," and **níos sine** "older." Comparative phrases concerning health include the following.

níos fearr	better
níos measa	worse

As you can see, many adjectives use a different form when following the comparative adverb **níos**. So the adjective **ard** "high" becomes **níos airde** "higher," **mór** "big" becomes **níos mó** "bigger," and so on. Our two new comparative constructions are of interest because they are indistinguishable from their positive forms in both Irish and English:

maith good → **fearr** better
olc bad → **measa** worse

Exercise 6

Provide the prepositional pronoun indicated in parentheses. E.g., (ag + sibh) → agaibh.

1 Tá, go raibh maith _____ (ag + tú).

2 Tá súil _____ (ag + mé) go mbeidh biseach ort go luath.

3 Tá fail _____ (ar + mé).

4 Céard atá _____ (ar + tú)?

5 Cuirigí _____ (ar + sibh)!

Exercise 7

Provide the comparative form of the adjective. E.g. ard → níos airde.

1 maith   →   níos _____
2 mall   →   níos _____
3 mór   →   níos _____
4 olc   →   níos _____
5 sean   →   níos _____

Vocabulary (Audio 2:45)

ballbhrú	bruise	leicneach	mumps
bruitíneach	measles	póilió	polio
bruitíneach dhearg	rubella	tinneas cluaise	earache
dó gréine	sunburn	tochtán	croup
gath	sting	triuch	whooping cough

10.12 Pronunciation (Audio 2:46)

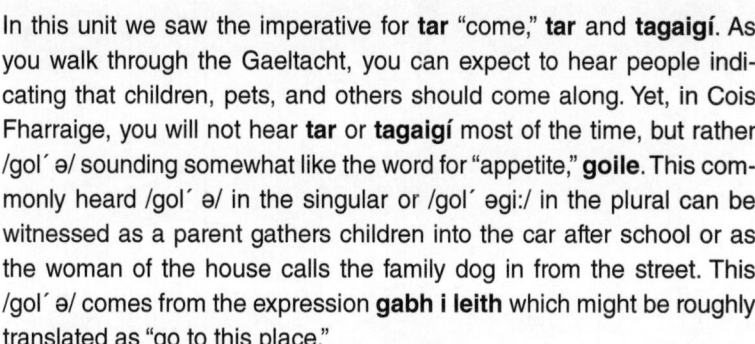

In this unit we saw the imperative for **tar** "come," **tar** and **tagaigí**. As you walk through the Gaeltacht, you can expect to hear people indicating that children, pets, and others should come along. Yet, in Cois Fharraige, you will not hear **tar** or **tagaigí** most of the time, but rather /gol´ ə/ sounding somewhat like the word for "appetite," **goile**. This commonly heard /gol´ ə/ in the singular or /gol´ əgi:/ in the plural can be witnessed as a parent gathers children into the car after school or as the woman of the house calls the family dog in from the street. This /gol´ ə/ comes from the expression **gabh i leith** which might be roughly translated as "go to this place."

gabh i leith uait	come
gabh i leith anseo	come here
gabh i leith, a Sheáin	come, Seán

Text 1 (Audio 2:47)

Read the following two paragraphs regarding influenza. Identify vocabulary words we have learned in this chapter by underlining them below.

Céard iad na siomtóim a bhaineann leis an bhfliú?

Buaileann an fliú go tobann agus go dian. Ar na siomtóim a bhaineann leis tá fiabhras obann, crithfhuacht, tinneas cinn, agus miailge (pian sna matáin). Go minic bíonn scornach thinn agus casacht thirim gan sputum ann.

An fliú atá ann nó slaghdán?

Go minic bíonn sé deacair idirdhealú a dhéanamh idir gnáthshlaghdán agus an fliú. Níl slaghdán leath chomh dian mar ghalar is atá an fliú. Buaileann siomtóim an fhliú go tobann agus bíonn fiabhras agus pianta sna matáin ag gabháil leis. Tosaíonn slaghdán diaidh ar ndiaidh le siomtóim ar nós scornach thinn agus srón ag silleadh/srón plúchta. <http://www.immunisation.ie/ie/ImdhionadhdoDhaoineFasta/ Imdhionadhileithanfliu/>, the Health Service Executive Immunisation Website 30 December 2006.

Unit 11
Cúrsaí siopadóireachta
Going shopping

> ### In this unit we will look at:
>
> * asking and telling about color
> * forming adjectives
> * using **ró-** and **an-**
> * expressing opinions
> * asking about the price of an item
> * using numbers

Dialogue 21

Shopping in An Spidéal (Audio 2:48)

Dáithí and Jimí provide Gearóidín with suggestions for her gift shopping.

Gearóidín:	Tá mé ag cuartú bronntanais do bhreithlá mo dhearthár.
Dáithí:	Céard faoi rud eicínt a cheannacht i siopa Standúin nó i gCeardlann an Spidéil?
Jimí:	Is maith liom na geansaithe Árann atá le fáil i siopa Standúin.

DOI: 10.4324/9781003208587-12

Dáithí:	Ach má tá tú ag iarraidh geansaí le cochall a cheannacht le rud eicínt scríofa i nGaeilge air, is é An Spailpín Fánach an áit is fearr le dul ag siopadóireacht.
Gearóidín:	Dháiríre, níl mé cinnte cén cineál geansaí is fearr leis.
Jimí:	Is féidir liom dul leat má tá cúnamh uait.
Gearóidín:	Beidh sé sin thar cionn. Is féidir leat cúnamh a thabhairt dom leis an stíl agus leis an dath ceart a roghnú. Go raibh míle maith agat.
Jimí:	Ná habair é.
Dáithí:	Is fuath liom a bheith ag siopadóireacht ach go n-éirí sé libh.

Note: See translation after the Key to Exercises.

11.1 Vocabulary (Audio 2:49)

geansaí (m)	jersey/jumper/sweater
bríste (m)	trousers/pants
léine (f)	shirt
fo-éadaí (m)	undergarments
fobhrístí (m)	underpants
sciorta (m)	skirt
báinín (m)	homespun woolen cloth, white in color
gúna (m)	dress
culaith (f)	suit
culaith shnámha (f)	bathing suit
stocaí (m)	socks
bróga (f)	shoes
bróga móra (f)	boots
buataisí rubair (f)	wellies/wellington boots/rubber boots
cóta (m)	coat
seaicéad (m)	jacket

Exercise 1

Place the clothing from the above list in the groups below:

1 **foréadaí** outerwear
2 **barréidí** tops
3 **brístí** bottoms
4 **coisbheart** footwear

11.2 Irish culture

Revival of traditional clothing

Visiting a rural area such as Cois Fharraige, you might expect to do any clothes shopping in the nearest city such as Galway City where a large

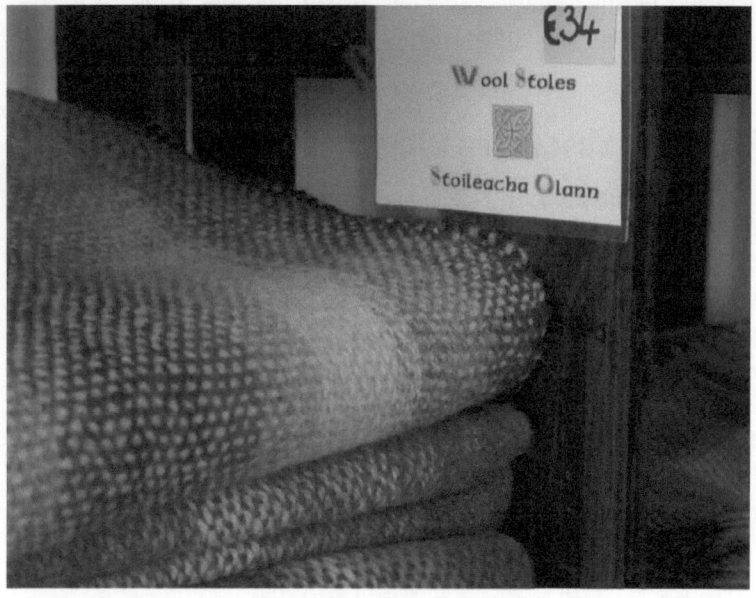

Woolen stoles. Photo by Tomás Ó híde.

choice of department stores exists. Traditionally, you could also visit the clothes shop (clothing store) in a nearby town. Smaller villages may have a general store that carries everything from milk and bread to wellington boots and shirts. Also, in towns with a weekly market, clothing stalls can often be seen as part of the sales.

More recently, craft workshops and traditional clothing shops have come to serve tourists and locals as well. Fabrics and clothing styles that may have been considered as less refined are now being revived and valued for their cultural richness. From Tommy Makem and the Clancy Brothers wearing Aran sweaters in the 1960s to Senator Pól Ó Foighil, who lived in Cois Fharraige, wearing a jacket in the traditional **báinín** style in the Seanad in the early 1990s (the Senate, the Irish Upper House in Dublin), traditional Irish clothing expresses pride in Irish culture and is continues to be quite fashionable.

The term **báinín** refers to white (**bán**) or cream-color natural wool that still retains some of the natural animal oils which render it waterproof. Today, you can find in shops and catalogs a variety of modern designs that are inspired by the traditional dress of the west of Ireland including jackets, shawls, scarves, tweed trousers, caps, sweaters, belts, and pampooties (moccasins).

11.3 Asking and telling about color
(Audio 2:50)

To inquire about the color of an item, you can say, **Cén dath atá air?** "What color is it?" The response can simply be the color. To express "light" and "dark," you can use the terms éadrom "light" and **dorcha** "dark." As modifiers of the colors, they follow the color word as in **donn éadrom** "light brown." However, more commonly, the prefixes **bán-** (from **bán** "white") and **dú-** (from **dubh** "black") are used to indicate the light and dark qualities of a color. Note that these prefixes lenite as usual except when they end in *n*; **bán-** does not lenite *d*, *s*, or *t*.

Cén dath atá air?	What color is it?
dath buí	yellow color
dúghorm	navy (dark blue)
deargchorcra dorcha	dark red-purple
bánghorm	light blue
bándearg	pink
bánchorcra	light purple

Exercise 2

Cén dath atá air? "What color is it?" Draw a line matching the following items with their traditional color.

Vocabulary				
buí	yellow	**gúna bainise**	wedding dress	
bus scoile	school bus			
curach	small boat	**inneall dóiteáin**	fire engine	
dearg	red	**dath oráiste**	orange color	
donn	brown	**oráiste**	orange – fruit	
dubh	black			
féar	grass	**spéir**	sky	
gorm	blue	**talamh**	earth	

1 bus scoile   a bán
2 inneall dóiteáin   b buí
3 curach   c dearg
4 gúna bainise   d donn
5 spéir   e dubh
6 féar   f gorm
7 talamh   g dath oráiste
8 oráiste   h glas

11.4 Adjectives (Audio 2:51)

Most adjectives in Irish, as with the colors above, follow the noun they modify. Adjectives that follow feminine nouns are lenited if possible.

bróg dhearg	red shoe
culaith dhubh	black suit
léine uaine	green shirt

Plural nouns are modified by plural adjectives. Many adjectives take an *a* to form the plural after a final broad consonant (a consonant preceded by *a*, *o*, or *u*) and an *e* after a final slender consonant (a consonant preceded by *e* or *i*).

fobhrístí bána	white underpants
stocaí dubha	black socks
bróga donna	brown shoes

11.5 Giving your opinion

We can use many of the structures and phrases that we have previously learned to express our opinions about clothing. To point out specific items you can express "this . . ." by using the phrase **an . . . seo** and you can indicate "that . . ." by saying **an . . . sin**.

Tá an gúna seo go deas.	This dress is nice.
Tá an seaicéad sin ró-éadrom.	That jacket is too light.
Is maith liom an chulaith dhubh.	I like the black suit.

11.6 *Ró-* and *an-* (Audio 2:52)

Recall from Unit 7 that **ró-** means "too" and **an-** means "very." These prefixes will be needed also when speaking of clothes. Remember that **ró-** is affixed before the adjective and a hyphen is only used if the word begins with a vowel. **An-** is prefixed to all words with a hyphen and is spelled **han-** if preceded by **go**. The prefix **ró-** lenites all consonants which can take lenition and the prefix **an-** lenites all lenitable consonants except *d*, *s*, or *t*, similar to the rules regarding **bán-**.

Tá an cóta sin rómhór.	That coat is too big.
Tá an sciorta seo róbheag.	This skirt is too small.
Níl an chulaith shnámha sin an-deas.	That bathing suit is not very nice.

Exercise 3

Write the adjective in parentheses. Remember to lenite the adjective if modifying a feminine noun. Also write the adjective in the plural form if modifying a plural noun.

1 geansaí _____ (gorm)
2 stocaí _____ (donn)
3 sciorta _____ (dearg)
4 gúna _____ (buí)
5 culaith _____ (dubh)
6 culaith shnámha _____ (corcra)
7 buataisí _____ (uaine)
8 seaicéad _____ (dúghorm)
9 léine _____ (bán)
10 cóta _____ (bándearg)
11 bróga _____ (dubh)

Note: **Buí**, **corcra**, and **uaine** are spelled the same in the singular and plural as adjectives.

Exercise 4

Describe the clothing below by making sentences with the prompts.
E.g., fo-éadaí, rótheann → Tá na fo-éadaí seo rótheann.

1 léine, an-deas
2 bróga, róthanaí
3 sciorta, róghearr
4 seaicéad, an-fhoirmiúil
5 stocaí, rómhór

Vocabulary

teann	tight	**gearr**	short
tanaí	thin	**foirmiúil**	formal

Dialogue 22

Clothes shopping (Audio 2:53)

Gearóidín and Jimí go shopping in An Spidéal.

Tadhg (an siopadóir):	Dia dhaoibh!
Gearóidín:	Dia's Muire dhuit.
Jimí:	Féach anseo, a Ghearóidín. Tá neart geansaithe anseo. Breathnaigh céard atá scríofa orthu. An maith leat an geansaí seo?
Gearóidín:	Tá an geansaí sin rómhór. Cén dath atá air? Is maith liom an geansaí uaine.
Jimí:	Cé acu ceann? An ceann uaine le "Éire" scríofa air nó an ceann seo?
Tadhg:	Tá dath uaine éadrom ar an gceann sin. Céard faoin gceann seo?
Gearóidín:	Is maith le mo dheartháir an dath corcra. Céard faoin gceann seo?
Jimí:	Is deas é an geansaí sin. Beidh sé lán-sásta leis.

Note: See translation after the Key to Exercises.

 ## 11.7 Opinions (Audio 2:54)

We have seen in several previous chapters that to ask the opinion of others we can say, **an maith leat?** "Do you like?" We have also seen **an dtaitníonn . . . leat?** "Do you like _____ ?"

An maith leat an geansaí seo?	Do you like this jersey?
Is maith liom an geansaí uaine.	I like the green jersey.
Ní maith liom ar chor ar bith é.	I don't like it at all.
Is breá liom é.	I love it/It's fine with me.
Is maith le mo dheartháir an dath corcra.	My brother likes the color purple.
An dtaitníonn na buataisí rubair leat?	Do you like the rubber boots?
Taitníonn sé go mór liom.	I like it very much.

Exercise 5

The words in each of the following sentences have been mixed up. Reorder them so that they make comprehensible sentences.

1 maith is chorcra liom sciorta an.

2 í breá is liom.

3 dhearg an léine dtaitníonn leat an?

4 maith an leat an sin gúna?

5 liom é ní maith ar bith ar chor.

6 maith is le mo dheirfiúr an buí dath.

7 sé taitníonn go liom mór.

11.8 Deciding which one
(Audio 2:55)

We have seen the use of **ceann** in a few chapters for counting items and identifying items. Of course, **ceann** literally means "head," but it is used to mean "one" or "one of them." To ask someone to decide which one, you can say **Cé acu ceann?** "Which one of them?" To indicate the chosen item, we can use **an ceann** + adjective.

Cé acu ceann?	Which one of them?
An ceann uaine.	The green one.
An ceann seo.	This one.
Céard faoin gceann seo?	What about this one?

11.9 Asking about the price of an item (Audio 2:56)

To ask how much something costs, we can use the expression **cé mhéad** "how much" followed by the verb and the preposition **ar** "on." We have already seen this expression meaning "how much" with questions regarding children, items in a house, and languages. We can now use this expression: **Cé mhéad atá ar an ngúna seo?** "How much is this dress?" A new expression that we can introduce there is "What is the price?": **Cén praghas atá ar an ngúna seo?** "What is the price of this dress?" The answer to either can be any of the following:

Trí euro is fiche.	Twenty-three euros.
Euro is fiche.	Twenty-one euros.
Tá cúig euro agus ceathracha ceint air.	It's five euros and forty cents.

Note that **ceint** "cent" is usually not lenited or eclipsed. However, when using **euro** with an article you say **an t-euro** and the plural of **ceint** is **ceinteanna**.

11.10 Numbers (Audio 2:57)

We saw numbers from one to twenty when we were learning how to indicate age. Here are some additional numbers that will be needed when speaking about purchasing items.

fiche	twenty
tríocha	thirty
ceathracha	forty
caoga	fifty
seasca	sixty
seachtó	seventy
ochtó	eighty
nócha	ninety
céad	hundred

Exercise 6

Write the questions for the following answers using the suggested vocabulary. Remember that **cé** lenites the vocabulary word **méad**.

1   Tá ceathracha Euro ar an ngúna sin. (méad)

2   Tá tríocha Euro ar an sciorta seo. (praghas)

3 Tá trí Euro is fiche ar an léine. (méad)

4 Tá ceithre Euro is caoga ar an mála dearg. (praghas)

5 Tá seacht Euro is tríocha ar na bróga sin. (méad)

6 Tá ocht Euro is ceathracha ar an muince óir seo. (praghas)

Exercise 7

Spell out the following numbers. E.g., 33 → tríocha a trí.

1 47

2 72

3 88

4 51

5 66

11.11 Coloring (Audio 2:58)

In the beginning of this chapter we discussed colors with specific reference to clothing. One can also hear colors used regarding people. Note the reference is considerably different from English. Colors used in reference to people most often denote hair color. Hence, **an cailín donn** refers to a brown-haired young woman and **an cailín fionn** indicates a fair-haired woman.

an fear rua	the red-haired man
an tseanbhean liath	the gray-haired old woman
an cailín dubh	the black-haired young woman
an buachaillín fionn	the blond little boy
an páistín fionn	the fair-haired young child
an cat glas agus bán	the gray and white cat

The noun **cailín** is masculine, so the adjective following it is not lenited. Note, as seen above with **rua**, that some colors differ depending on the context. "Red" is **rua** when referring to natural items such as hair, soil, and plants, in that **rua** refers to rust-colored or reddish brown. **Dearg** "red" is used for hand-crafted or manufactured items. Yet, **dearg** is also used for fruit, red wine, and blood.

Note that in Cois Fharraige, **glas** is used for "gray" as can be heard in reference to the color of an animal or of a house. Yet, **liath** is used for gray hair. In Standard Irish, **glas** is "green" except for dyed, painted, or manufactured things which are referred to as **uaine**.

Pronunciation (Audio 2:59)

We have seen many cases in this book where eclipsis is necessary in phrases with **i** as in **i mBaile na hAbhann** and in phrases with **ag an** "at the" as in **ag an mbialann** "at the restaurant." Looking back on this unit, we see another case: **ar an** "on the" causes eclipsis in **Cé mhéad atá ar an ngúna seo?** "How much is this dress?" Recall that in this case, we do not pronounce the *n* and the *g* as separate letters, but as a single sound, as in "singer."

Ar an causes nouns that begin with *b, c, f, g,* and *p* to be eclipsed as in the case of **ag an** in the last chapter. Some of the other preposition and article combinations that cause eclipsis include **as an**, **chuig an**, **faoin**, **ón**, and **leis an**.

Is <u>as an n</u>Gaeltacht í.	She is from the Gaeltacht.
Tá mé ag teacht <u>chuig an</u> gcruinniú.	I am coming to the meeting.
Rith an cat <u>faoin n</u>geata.	The cat ran under the gate.
Tá sé ceithre mhíle <u>ón</u> gCeathrú Rua go Ros an Mhíl.	It is four miles from An Cheathrú Rua to Ros an Mhíl.

Text 2 (Audio 2:60)

Below are the first few paragraphs of an article from Beo.ie that Pádraig Standún wrote about the Gaeltacht region in County Mayo known as Tuar Mhic Éadaigh in 2001. While a beginner would not be able to understand most of the text, see if you can identify the clothing industry in which that region was involved. Note that Beo.ie was published monthly between 2001 and 2014. The website remains online and the articles are an excellent resource for language learners.

Síneann ceantar Thuar Mhic Éadaigh siar ó dheas ar an taobh thiar de Loch Mheasca, le sléibhte Phartraí ar a chúl, crainnte agus coillte ag cur le háilleacht na háite. Baineadh na crainnte ghiúsacha sa choill is mó atá ann sa mbliain 2000 mar chuid de thionscadal mílaoise Coillte Teoranta, agus tá crainnte dúchasacha na tíre curtha ina n-áit, gach crann tiomnaite do chlann faoi leith.

Feirmeacha beaga atá sa gceantar den chuid is mó, le béim ar chaoirigh, cé go bhfuil beithígh eile á dtógáil freisin. Tógtar caoirigh den chéad scoth ar an talamh íochtarach, caoirigh beaga sléibhe ar na cnoic. Chuir an galar crúibe agus béil na bliana 2001 an-imní ar fheirmeoirí agus rinne siad chuile iarracht a gcuid tréad a chosaint. Oibríonn suas le cúpla céad, mná a bhformhór, i dtionscail a mheall Údarás na Gaeltachta chun an cheantair, an tionscal traidisiúnta Cniotáil Ghaeltarra, chomh maith le tionscadail nuaaoiseacha, Caidéil Teo nó MP pumps. Tá roinnt miontionscal tosaithe freisin sna réamh-mhonarchana atá réitithe i gcuid den fhoirgneamh cniotála nach raibh in úsáid níos mó. Ceapadh Tomás Ó Máille, a bhfuil taithí na mblianta aige ag obair do Roinn na Gael-tachta agus mar oibrí deonach don phobal, ina oifigeach forbartha páirtaimseartha i 2001.

Trí scoil náisiúnta atá sa gceantar agus tá beirt ag múineadh i ngach ceann acu. Tá líon na ndaltaí laghdaithe go mór le hais mar a bhí, trí scoil eile dúnta sa leathpharóiste le tríocha bliain. Tá na huimhreacha réasúnta seasta le blianta beaga anuas, leis an imirce laghdaithe go mór, agus roinnt daoine a bhfuil gasúir acu ag filleadh ó Shasana agus Meiriceá. Cuidíonn an naíonra na gasúir is óige a réiteach do na scoileanna náisiúnta, ó thaobh na Gaeilge de go háirithe.

Is le pobal na háite Scoil Mhuire, meánscoil lae a bhí ina Coláiste Ullmhúcháin do mhúinteoirí tráth, agus ina coláiste cónaithe ag Siúracha na Trócaire ina dhiaidh sin. Tá beagnach dhá chéad ag freastal ar an gcoláiste, ón gceantar timpeall, na ceant-racha máguaird, agus roinnt ó Chaisleán an Bharraigh. Éiríonn go han-mhaith leis na daltaí san Ardteist agus sa Teastas Sóisearach go hiondúil.

Unit 12
Laethanta saoire

Holidays/vacation

In this unit we will look at:

- using the simple past of **bí**
- asking where someone was on vacation
- forming the simple past of regular verbs
- asking about accommodation
- forming questions in the simple past
- talking about the weather
- asking who traveled with whom
- seeking opinions about a place

Dialogue 23

Time spent in Boston (Audio 2:61)

Mairéad and Máirín welcome Peadar back from Boston.

Máirín:	Fáilte ar ais go Baile na hAbhann.
Peadar:	Go raibh míle maith agat. Tá sé fíord-heas a bheith ar ais.
Máirín:	An raibh tú ar laethanta saoire?
Peadar:	Bhí. Bhí mé i mBostún ar cuairt ag m'uncail agus m'aintín. Seo í Mairéad.
Mairéad:	Dia dhaoibh.
Peadar and Máirín:	Dia is Muire dhuit, a Mhairéad.

DOI: 10.4324/9781003208587-13

Mairéad:	A Pheadair, nach raibh tú ar saoire le deireanaí i mBostún?
Peadar:	Níl mé ach díreach tagtha ar ais. Chaith mé coicís ann.
Mairéad:	Ar chas tú le mo chol ceathrar Neilí Nic Dhonncha?
Peadar:	Níor chas, ach tá neart daoine as Cois Fharraige fós ann. Chas mé le cúpla seanchara as Baile na hAbhann nuair a bhí mé thall.

Note: See translation after the Key to Exercises.

12.1 Vocabulary (Audio 2:62)

Irish places

Aerfort na Sionainne	Shannon Airport
Baile Átha Cliath	Dublin
Béal Feirste	Belfast
Corcaigh	Cork
Gaillimh	Galway
Luimneach	Limerick

Cities of the world

Bostún	Boston
An Bhruiséil	Brussels
Caireo	Cairo
Cathair Mheicsiceo	Mexico City
Dacár	Dakar
Dún Éideann	Edinburgh
Iarúsailéim	Jerusalem
Londain	London
Maidrid	Madrid
Moscó	Moscow
Nua-Eabhrac	New York
Páras	Paris
Béising	Beijing
Súl	Seoul

Other places

An Astráil	Australia
Geirsí	Jersey
Na hOileáin Chanáracha	The Canary Islands
Na Stáit Aontaithe	The United States
An Tuirc	Turkey

12.2 The simple past of bí
(Audio 2:63a)

The **bí** verb is **tá**, **níl**, **an bhfuil**, and **nach bhfuil** in the present. We use the forms in the present to speak about temporary qualities and location. In the past, we see the forms **bhí**, **ní raibh**, **an raibh**, and **nach raibh**. These past tense **bí** forms can be used to ask someone if they were on vacation.

An raibh tú ar laethanta saoire?	Were you on vacation?
Bhí mé i mBostún.	I was in Boston.
Nach raibh tú ar saoire le deireanaí?	Weren't you on vacation lately?
Ní raibh mé i Sasana.	I was not in England.

12.3 Asking where someone was on vacation (Audio 2:63b)

To ask where someone was while on vacation, you can use the expression **Cén áit a raibh tú ar saoire?** "Where were you on holiday?" A simple response can be **Bhí mé i Montréal** "I was in Montreal."

Cén áit a raibh tú ar saoire i mbliana?	Where were you on holiday this year?
Bhí mé sa Spáinn.	I was in Spain.
Ní raibh saoire ar bith agam le cúpla bliain.	I have not had a holiday for a few years.

Exercise 1

Change the following sentences from the present to the past tense. The present tense prompts have been prefixed by **anois** "now." Use **an bhliain seo caite** "last year" in your responses. E.g., Tá mé i Nua-Eabhrac anois. → Bhí mé i Nua-Eabhrac an bhliain seo caite.

1 Tá siad i Luimneach anois.

2 Tá tú i nGaillimh anois.

3 Tá sibh i gCorcaigh anois.

4 Tá muid i mBaile Átha Cliath anois.

5 Tá sí i mBéal Feirste anois.

12.4 Irish culture

A Gaeltacht holiday

Bád go hÁrainn i Ros an Mhíl/Boat to the Aran Islands. Photo by Tomás Ó hÍde.

The Gaeltacht has long been a place for families to spend a week or two of relaxation and enjoy traditional Irish culture, especially through exposure to the language, natural beauty of the west, traditional music in pubs, **céilithe** "dances," and shopping at craft workshops. As many Gaeltachtaí are on the coast, the seaside is also a big attraction. In addition to fun on the beach, kayaking, sailing, deep-sea fishing, and boat trips to islands are also common. For those Gaeltachtaí away from the coast, horseback riding, freshwater fishing, and hiking are common tourist pastimes. The popular Wild Atlantic Way route on the west coast runs through many Gaeltacht regions.

The peak months for tourism in the Gaeltacht are June, July, and August. Accommodation include **teach lóistín** "B&B," **féinfhreastal** "self-catering," and **óstán** "hotel." A small house to let/rent, that is a self-catering one, is often referred to as a **sealla** "chalet" or **bungaló** "bungalow."

In Cois Fharraige, as one drives from **Cathair na Gaillimhe** "Galway City" west on **Bóthar Chois Fharraige** "Coastal Road," one can see lovely views of **Cuan na Gaillimhe** "Galway Bay" and **An Clár** "Clare." Further west **Oileáin Árann** "Aran Islands" come into view. To the north of Bóthar Chois Fharraige is an unspoiled landscape with rare flora and fauna. The land between Bóthar Chois Fharraige (R336) and the Clifden Road (N59) is not only bogland but also has extensive pine forests. The type of rock underlying this region is granite as one is frequently reminded by large protruding stones and hills.

 12.5 Simple past (Audio 2:64)

The simple past in Irish is commonly constructed by taking the simple present form of the verb, removing the ending, and leniting the initial syllable. For verbs beginning with a vowel, we prefix *d'*. Since *f* is silent when lenited, we also add *d'* to *fh*. In the case of type two verbs, we take one further step: we add the ending *-(a)igh* (commonly pronounced í /i:/)

Type 1 Verbs

Present	Past
Present	*Past*
casann sé	**chas sé**
buaileann sé	**bhuail sé**
fanann sé	**d'fhan sé**

Type 2 Verbs

Present	Past
ceannaíonn sé	cheannaigh sé
imíonn sé	d'imigh sé
tosaíonn sé	thosaigh sé

Vocabulary

cas	turn/meet	ceannaigh	buy
buail	hit	imigh	leave, go
fan	wait	tosaigh	begin, start

12.6 Asking about accommodation
(Audio 2:65)

To ask what type of accommodation someone had during their stay, you can say **Cén sórt lóistín a bhí agat?** "What sort of lodging did you have?" The response to this can be **D'fhan mé in óstán** "I stayed in a hotel" for example.

Cén sórt lóistín a bhí agat i gConamara?	What sort of lodging did you have in Connemara?
D'fhan mé in	I stayed in
Óstán Chuan Charna.	Carna Bay Hotel.
D'fhan muid i dteach lóistín in Eanach Mheáin.	We stayed in a B&B in Eanach Mheáin.
D'fhan muid i sealla féinfhreastail in Indreabhán.	We stayed in a self-catering chalet in Indreabhán.

Exercise 2

Place the following verbs in the past tense. The present form of the verb has been provided.

1 _____ mé le do chol ceathrar Neilí Nic Dhonncha. (casann)

2 _____ mé cúpla bronntanas i mBostún. (ceannaíonn)

3 _____ mé le seanchairde ó Bhaile na hAbhann. (casann)

4 _____ mé ag foghlaim Spáinnise i Maidrid. (tosaíonn)

5 _____ mé in Óstán na Páirce sa Spidéal. (fanann)

6 _____ mé ar strae ar Bhóthar Chois Fharraige. (imíonn)

Note: "I went straying" means "I got lost."

Exercise 3

Make sentences using the words given. Review the grammar rules for the preposition **i** "in" in previous units if necessary. E.g., teach lóistín, Bostún → D'fhan mé i dteach lóistín i mBostún.

1 óstán, Londain

2 teach tuaithe, Corcaigh

3 teach feilme, Gaillimh

4 teach baile, Baile Átha Cliath

5 brú óige, Páras

Vocabulary

teach tuaithe	country house	**teach baile**	town house
teach feilme	farmhouse	**brú óige**	youth hostel

12.7 Questions in the simple past
(Audio 2:66)

To ask a question in the present, we use **an** as in **An itheann tú iasc?** "Do you eat fish?" In the past, **ar** is used for regular verbs and many irregular verbs as we saw in the dialogue with **Ar chas tú le mo chol ceathrar?** "Did you meet my cousin?" The past-tense verbs remain in their lenited forms after **ar**. Note that the *d'* observed in the declarative sentence is not used in the question.

Ar chaith tú coicís ann?	Did you spend two weeks there?
Ar chas tú le cúpla seanchara?	Did you meet with a few old friends?
Ar fhan tú i sealla féinfhreastail?	Did you stay in a self-catering chalet?
Ar imigh tú abhaile fós?	Did you go home yet?

The following irregular verbs use **an** in the past to create questions:

déan "do/make"	**an ndearna?**
téigh "go"	**an ndeachaigh?**
faigh "get/find"	**an bhfuair?**
feic "see"	**an bhfaca?**
bí "be"	**an raibh?**

However **abair** "say" uses **ar dhúirt** in Cois Fharraige.

Exercise 4

The following lines are questions in the past. Place them in the correct order.

1   chaith ann ar tú amháin seachtain?

2   ar ar doras bhuail an tú?

3   féinfhreastail fhan ar tú i sealla?

4   fós ar saoire imigh tú ar?

5   uachtarán tú leis ar an chas?

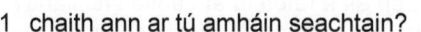

Vocabulary

seachtain	week	**saoire**	holidays/vacation
doras	door	**uachtarán**	president

Exercise 5

Create questions to address the following situations. E.g., Ghlan mé
an chisteanach agus an seomra folctha. → Ar ghlan tú an chisteanach
agus an seomra folctha?

1 Chaill mé mo leabhar agus mo pheann.

2 D'ól mé pionta Guinness sa teach tábhairne.

3 Dhúisigh mé go mall ar maidin.

4 D'inis mé an scéal iomlán dhuit.

5 Chuala mé go raibh timpiste ann.

Dialogue 24

Holiday in Ros an Mhíl (Audio 2:67)

Brian, Máire, and Seosamh are Dubliners and they speak here about
Brian's holiday in Ros an Mhíl.

Máire:	Cén áit a raibh tú ar saoire i mbliana?
Brian:	Bhí muid i Ros an Mhíl ar feadh coicíse i mí Lúnasa.
Seosamh:	Cén chaoi a raibh an aimsir?
Brian:	Bhí seachtain amháin deas te, ach bhí an dara seachtain beagáinín fuar.
Máire:	Cén sórt lóistín a bhí agaibh?
Brian:	D'fhan muid i dteach féinfhreastail.
Seosamh:	Cé a bhí leat?
Brian:	Mo bhean agus ár mbeirt ghasúr.
Máire:	Ar thaithnigh Ros an Mhíl libh?
Brian:	Thaithnigh. Is áit lárnach é. Is féidir leat an bád a fháil go hÁrainn agus is féidir leat tiomáint go Gaillimh, Uachtar Ard, agus neart áiteanna i gConamara gan níos mó ná uair a chloig a chaitheamh ar an mbóthar.

Note: See translation after the Key to Exercises.

12.8 Talking about the weather
(Audio 2:68)

When returning from holiday, we often talk about the weather. The question might be, **Cén chaoi a raibh an aimsir?** "How was the weather?" You can simply answer **Bhí sé** with an adjective.

Bhí sé te.	It was hot.
Bhí sé róthe.	It was too hot.
Bhí sé fuar.	It was cold.
Bhí sé an-fhuar.	It was very cold.
Bhí sé fliuch.	It was wet/It rained a lot.
Bhí sé breá tirim.	It was excellently [lit.] dry/It didn't rain.
Bhí sé scamallach.	It was cloudy.

Remember that **ró** only uses a hyphen if the word begins with a vowel and **an-** is always used with a hyphen. They both cause lenition except that **an-** does not lenite with words starting with *d*, *s*, or *t*.

We could also describe what the weather was doing while we were on vacation.

Bhí sé ag cur báistí an t-am ar fad.	It was raining the whole time.
Bhí sé ag cur sneachta.	It was snowing.

We can also describe the weather referring to the weather event.

Bhí tréimhsí gréine ann.	There were sunny periods.
Bhí seachtain gheal againn.	We had a bright week.
Bhí múiríní ann 'chuile mhaidin.	There were showers every morning.
Bhí toirneach agus tintreach ann 'chuile lá.	There was thunder and lightning every day.

Exercise 6

Cén chaoi a raibh an aimsir? Note the pictures below and indicate how the weather was during vacation. E.g. , Bhí sé ag cur sneachta.

1

2

3

4

12.9 Asking who traveled with whom
(Audio 2:69)

To ask who traveled with someone we can say **Cé a bhí leat?** "Who was with you?" or **An raibh tú leat féin?** "Were you on your own?"

Cé a bhí leat?	Who was with you?
Bhí mo chara Deirdre liom.	My friend Deirdre was with me.
Mo bhean Mairéad.	My wife Mairéad.

Note in our question we use **leat** "with you." We have already seen the preposition **ag** and **ar** with personal pronouns. **Le** when combined with personal pronouns takes the following forms:

liom	with me
leat	with you (sing.)
leis	with him
léi	with her
linn	with us
libh	with you (plur.)
leo	with them

12.10 Seeking opinions about a place
(Audio 2:70)

In previous chapters, we saw the expression **An dtaitníonn an post leat?** "Do you like the job?" The verb **taitin**, we saw, means "to like" or "to please." In the past tense, we can ask **Ar thaithnigh an post leat?** "Did you like the job?" This structure will be helpful for us here to ask how people liked their vacation.

Ar thaithnigh Cathair Mheicsiceo leat?	Did you like Mexico City?
Thaithnigh. Bhí sé go deas.	I liked it. It was nice.
Níor thaithnigh. Bhí an iomarca tráchta ann.	I didn't like it. There was too much traffic.
Bhí sé ródhaor.	It was too expensive.

12.11 The forms of "*in*" in Irish: i, sa, san, sna

In the dialogue about traveling we see once again the need for the preposition **i** "in." Recall that **i** causes eclipsis when possible as in **i bPáras** "in Paris." When the following noun begins with a vowel, **i** changes to **in**, as in **in Iarúsailéim** "in Jerusalem." Remember, when combined with **an**, **i** becomes **sa** before a word starting with a consonant such as **An Bhruiséil → sa mBruiséil** and **san** before a word starting with a vowel such as **An Astráil → san Astráil**. **Sa** causes eclipsis as we saw with **sa mBruiséil**. **I** combined with **na** produces **sna** as in **Na Stáit Aontaithe → sna Stáit Aontaithe**.

Exercise 7

Complete the dialogues below responding positively or negatively as indicated. Answer the questions using the grammar structures taught above.

1   A: Ar thaithnigh Cathair Mheicsiceo leat? (+)

    B: _____

A: Cé a bhí leat? (Donál)

B: _____

2 A: Ar thaithnigh Baile Átha Cliath leat? (−)

B: _____

A: Cé a bhí leat? (Ciara)

B: _____

3 A: Ar thaithnigh Caireo leat? (−)

B: _____

A: Cé a bhí leat? (Máirtín and Conall)

B: _____

4 A: Ar thaithnigh Geirsí leat? (−)

B: _____

A: Cé a bhí leat? (Gráinne)

B: _____

Exercise 8

Provide the prepositional pronoun and the combined form of **i** and the article. E.g., Bhí mo chara Deirdre **liom** (le + mé) **sna** (i + na) hOileáin Chanáracha.

1 Bhí mo chara Stiofán _____ (le + mé) _____ (i + an) Tuirc?

2 Bhí ár gcara Criostóir _____ (le + muid) _____ (i + na) Stáit Aontaithe.

3 An raibh do chara Máire Áine _____ (le + tú) _____ (i + an) Astráil?

4 Nach raibh bhur ndeartháir _____ (le + sibh) _____ (i + an) Bhruiséil?

12.12 Describing time and people
(Audio 2:71)

There are a number of time words and modifiers that will help us give more descriptive answers. Time words include **lá** "day," **cúpla lá** "a few days," **ar feadh píosa** "for a while," **seachtain** "week," **coicís** "two

weeks" and **mí** "month." Note that **cúpla** is followed by the singular form
of the noun. Modifiers that will help us describe the people in the places
to which we travel include **go deas** "nice" and **cairdiúil** "friendly."

Bhí na daoine go deas.	The people were nice.
Bhí siad an-chairdiúil.	They were very friendly.
Ní raibh siad cairdiúil ar chor ar bith.	They were not friendly at all.

12.13 Pronunciation (Audio 2:72)

In Cois Fharraige, **raibh** is not pronounced following the "core" pronun-
ciation which is used in the *Foclóir Póca*, /rev/. Rather in Cois Fharraige,
raibh is pronounced /ro/ or /rə/.

Also note that in this chapter we have used **col ceathrar** /kol k´ahrər/,
the dialect form for "cousin" as heard in Cois Fharraige. The Standard
Irish spelling and "core" pronunciation is **col ceathrair** /kol k´ahrər´/.

Text 3 (Audio 2:73)

In the reading below taken from the www.doilin.com website, see if you
can pick out any of the highlight reasons for vacationing in An Cheathrú
Rua.

Note: See the Key to Exercises for a translation.

Tá An Cheathrú Rua suite ar leithinis 40km siar ó chathair na Gail-
limhe, idir Cuan Chasla ar an taobh thoir agus Cuan an Fhir Mhóir
ar an taobh thiar. Reáchtáiltear imeachtaí mara Fhéile an Dóilín
ar Chuan an Fhir Mhóir. Tá cáil mhór ar oidhreacht seoltóireach-
ta agus mara an cheantair, chomh maith le Trá an Dóilín, trá
coiréalach, a bhfuil Brat Gorm bainte amach aici. Tá an Ghaeilge
go láidir sa gceantar, chomh maith le ceol agus amhránaíocht ar
an sean-nós. Tá Acadamh na hOllscolaíochta Gaeilge, de chuid
Ollscoil na hÉireann, Gaillimh, lonnaithe ar an mbaile, chomh maith
le dhá choláiste samhraidh Gaeilge.

Unit 13
Orduithe
Orders

In this unit we will look at:

- the imperative mood and everyday commands
- giving orders to children and in general
- use of verbal nouns
- giving orders at home and with friends
- warning others
- the verb **bain** with the preposition **de**

Dialogue 25

Breakfast time (Audio 2:74)

Róisín's mother is getting her out of bed and serving her breakfast.

Mama:	Dúisigh! Éirigh ar an bpointe! Ná bí leisciúil!
Róisín:	Tá tuirse orm! Tá ocras orm, a Mhama!
Mama:	Gabh i leith uait! Isteach an chisteanach leat! Céard atá uait le n-ithe ar maidin?
Róisín:	Calógaí atá uaim. Oscail an bosca, a Mhama. Níl mé in ann é a oscailt.
Mama:	Abair "le do thoil!"
Róisín:	Le do thoil.
Mama:	An bhfuil tuilleadh bainne uait leis sin?

DOI: 10.4324/9781003208587-14

Róisín:	Níl. Tabhair gloine sú oráiste dom, a Mhama.
Mama:	"Le do thoil."
Róisín:	Le do thoil.
Mama:	Maith an cailín.

Note: See translation after the Key to Exercises.

13.1 Everyday commands
(Audio 2:75)

Type 1 Verbs

Singular	*Plural*	
cuir	**cuirigí**	put
dún	**dúnaigí**	close
fan	**fanaigí**	wait
glan	**glanaigí**	clean
léigh	**léigí**	read
scríobh	**scríobhaigí**	write
stop	**stopaigí**	stop

Type 2 Verbs

Singular	*Plural*	
ceannaigh	**ceannaígí**	buy
dúisigh	**dúisígí**	wake up
éirigh	**éirígí**	get up
oscail	**osclaígí**	open
tarraing	**tarraingígí**	draw
tosaigh	**tosaígí**	begin

Irregular Verbs

abair	**abraigí**	say
déan	**déanaigí**	do, make

faigh	faighigí	get, receive
ith	ithigí	eat
tabhair	tugaigí	give, bring

 13.2 Giving orders (Audio 2:76a)

We briefly saw the imperative mood in Unit 10. We use the imperative mood to give orders. Here we look at giving orders to children. The **bí** verb, **tá** and **níl** in the present, is **bí** and **ná bí** in the imperative second-person singular. To give an order to more than one person, say **bígí** and **ná bígí**. We have been using the second-person singular of verbs as their base form in this book. To form the second-person plural, Type 1 verbs take -*(a)igí* and Type 2 verbs take -*(a)ígí*.

Ith do bhricfeasta!	Eat (sing.) your breakfast!
Ithigí bhur lón!	Eat (plur.) your lunch!
Ná bí á shlogadh!	Don't (sing.) gulp it down!
Cuimhnígí ar na leanaí ocracha.	Think (plur.) of the hungry children.

Note that these examples are for a parent speaking with children. As with English, the imperative mood would usually not be used in this manner in more formal settings between adults. We will discuss this in more detail later in the unit.

 Exercise 1

Provide the plural imperative form of each verb.

1 tóg	(Type 1: take, build)
2 gearr	(Type 1: cut)
3 caith	(Type 1: throw, wear)
4 ól	(Type 1: drink)
5 críochnaigh	(Type 2: finish)
6 imigh	(Type 2: go, go away)

13.3 Irish culture

Recreational facilities

Football pitch, An Cnoc, Indreabhán. Photo by Tomás Ó híde.

Throughout the Galway Gaeltacht one can find many playing pitches used for Gaelic sports. The committees responsible for these fields are often engaged in fundraising to improve these facilities. Other facilities in villages and towns include parish or community centers and maintained beaches.

There has been a recent drive to increase the number of recreational facilities for young people in the Gaeltacht, especially playgrounds and swimming pools. It is not uncommon for there to be no playground (**láthair spraoi**) within a short drive to which parents can take children. While playgrounds are fairly common in cities, families in the countryside are usually left to provide their children with their own recreational facilities on their private property. The most common occurrence of this is the trampoline (**trampailín**).

There is also concern regarding the availability of swimming facilities. There is currently no public swimming pool (**linn snámha**) west of

Galway City, including the entire Gaeltacht found in that region. Both playgrounds and swimming pools are important gathering areas for children and parents. It will be of interest to see what role language will play as these recreational facilities are added in the coming years. Will they aid children in further developing their native Irish-language fluency or will the language of such public areas be English in that they will serve the region rather than just a local village?

13.4 Giving orders to children
(Audio 2:76b)

Some of the commands typically given to children concern requests for them to do certain things and not to do others. Above, we indicated that the negative of **bí** is **ná bí**. **Ná** is also used with other verbs in the imperative mood to indicate the negative.

Ná bí dána!	Don't [sing.] be bold, naughty!
Ná déanaigí sin!	Don't [plur.] do that!
Bí ciúin!	Be [sing.] quiet!
Téigí amach!	Go [plur.] out!

13.5 Giving orders in general
(Audio 2:76c)

There is also a variety of general orders that are commonly used with children, friends, and family. We use these when we are offering something or when we are under pressure.

Déan deifir.	Hurry up [sing.].
Suígí síos.	Sit down [plur.].
Gabh i leith uait.	Come here [sing.].
Tagaigí isteach, a chairde.	Come on in, friends [plur.].
Fan nóiméad, le do thoil.	Wait a minute, please [sing.].

If we wanted to issue a command in a more polite form, we could use a number of phrases to soften the request.

An féidir leat fanacht nóiméad?	Can you wait a minute?
An bhféadfá fanacht nóiméad?	Could you wait a minute?
Ar mhiste leat fanacht nóiméad?	Would you mind waiting a minute?

Exercise 2

Give commands in Irish addressing the situations that follow. E.g., Tell the child to drink the water (an t-uisce). → Ól an t-uisce.

1 Tell the children to eat their dinner (**bhur ndinnéir**).
2 Ask the child to say please.
3 Tell the children to get up immediately (**ar an bpointe**).
4 Tell the child to clean his hands (**do lámha**).
5 Tell the children to drink some milk with their food (**braon bainne le bhur mbéile**).

Exercise 3

Match the following phrases with each of the following pictures.

1

a. Dúisigh ar an bpointe!

2

b. Glan an seomra suite!

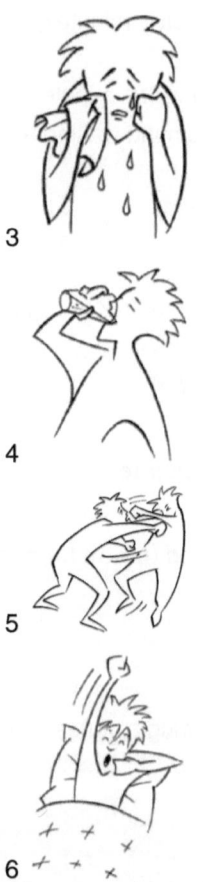

3   c. Ná bí ag caoineadh!

4   d. Ná bígí ag troid!

5   e. Ná hól an iomarca!

6   f. Tar isteach!

 ## 13.6 A oscailt "*to open*" and le n-ithe "*to eat*" (Audio 2:77)

The verbal noun in Irish is most commonly used with **ag** to indicate the progressive as in **tá mé ag scríobh** "I am writing." It is also used to indicate the infinitive after a direct object, **Níl mé in ann é a oscailt** "I am not able **to open** it." The direct object here is é – for example, the "cornflakes box" as in Dialogue 25. Note that the particle **a** lenites as in **Níl mé in ann é a cheannacht** "I am not able to <u>buy</u> it."

The verbal noun can also be the object in a prepositional phrase. In the dialogue at the beginning of the chapter, we saw a phrase with

le, **Céard atá uait le n-ithe ar maidin?** "What do you want to eat this morning?" While **le** does not cause lenition, it does prefix an *n* to words beginning with a vowel in Cois Fharraige Irish. (Standard Official Irish and Ulster Irish use *h*.)

Caithfidh mé an doras a dhúnadh.	I need to close the door.
Níl mé in ann an doras a dhúnadh.	I am not able to close the door.
An bhfuil rud eicínt uait le n-ól?	Do you want something to drink?
Tá mé ag iarraidh rud a rá leat.	I am trying to say something to you.

Exercise 4

Place the word provided in parentheses on the line, leniting or prefixing with *n* as needed.

1 Caithfidh siad an teach a _____. (tógáil)

2 An bhfuil tú ag iarraidh rud a _____ . (ceannacht)

3 Caithfidh tú an fhuinneog a _____. (oscailt)

4 An bhfuil tú ag iarraidh greim bia le _____ . (ithe)

5 Caithfidh sé an scéal a _____. (cloisteáil)

6 An bhfuil muid ag iarraidh rud eicínt le _____. (ól)

Dialogue 26

The shop (Audio 2:78)

Tomás and Gráinne stop at the shop to purchase a few items.

Tomás agus Gráinne: Dia dhuit, a Mhicí.
Micí: Dia is Muire dhaoibh. Céard atá uaibh?

Gráinne:	Tabhair dhá chóipleabhar agus dhá pheann luaidhe dúinn, le do thoil.
Micí:	Seo dhaoibh na pinn. Fanaigí nóiméad agus gheobhaidh mé na cóipleabhair dhaoibh. Tá siad i gcúl an tsiopa.
Tomás:	Tá buidéal bainne uainn freisin, a Mhicí.
Micí:	Tá an bainne istigh sa gcuisneoir sin. Oscail an doras, a Thomáis, agus tóg amach an buidéal. An bhfuil aon rud eile uaibh?
Gráinne:	Ná déan dearmad ar an bpáipéar mar a bhíonn againn gach lá.
Micí:	Sin é. Anois, sin trí euro deich cent ar fad, le do thoil.
Gráinne:	Seo dhuit. Go raibh maith agat.
Micí:	Slán libh!
Gráinne:	Slán agat, a Mhicí.

Note: See translation after the Key to Exercises.

13.7 Giving orders at home and with friends (Audio 2:79)

We often use the imperative mood to express a variety of desires and requests. A request may be basic and straightforward such as **Dún an doras, le do thoil** because we want the door closed. However, we may also say **Dún an doras, le do thoil** to indicate that we are cold or to indicate that we do not want someone to hear what we are saying. So, the imperative can be used for both basic communication and more complicated messages.

Ná déan dearmad ar an bpáipéar.	Don't forget the newspaper.
Suígí síos tamaillín.	Sit down [plur.] for a while.
Dún an fhuinneog, le do thoil.	Close the window, please.
Las an tine.	Light the fire.
Bainigí díbh bhur gcótaí.	Take off [plur.] your coats.

Exercise 5

For each of the sentences below, indicate if you think the message would be used primarily for a child (**gasúr**) or primarily for an adult (**duine fásta**). Circle the term that applies.

1 Cuir ort do chuid éadaigh.

   a. gasúr   b. duine fásta

2 Nigh tú féin.

   a. gasúr   b. duine fásta

3 Tabhair póigín dom.

   a. gasúr   b. duine fásta

4 Oscail na cuirtíní, le do thoil.

   a. gasúr   b. duine fásta

5 Dún na dallóga, le do thoil.

   a. gasúr   b. duine fásta

Vocabulary

| **póigín** | small kiss | **dallóga** | blinds/shades |
| **cuirtíní** | curtains | | |

13.8 Warning others (Audio 2:79)

Many words of warning such as "careful!" are also verbs in the imperative mood. In English, the form does not change from the second-person singular to the second-person plural, but in Irish we see the difference as indicated below.

Singular	*Plural*	
Bí cúramach!	**Bígí cúramach!**	Careful!
Fainic!	**Fainicigí!**	Beware!
Seachain!	**Seachnaígí**	Watch out!

13.9 Ár "*our*," bhur "*your*," and a "*their*" (Audio 2:80)

As we saw in Unit 9, the personal adjectives are:

mo	my
do	your (sing.)
a	his, its
a	her, its
ár	our
bhur	your (plur.)
a	their

Mo, **do**, and **a** "his" cause lenition and **mo** and **do** are shortened to **m'** and **d'** before vowels. **A** "her" causes no change to the following noun with the exception of *h* being prefixed to nouns beginning with vowels. The plural forms, **ár**, **bhur**, and **a**, cause eclipsis and prefix *n-* to vowels.

Nigh d'éadan.	Wash your [sing.] face.
Nígí bhur n-éadain.	Wash your [plur.] faces.
Cuir síos d'uilleannacha.	Put your [sing.] elbows down.
Cuirigí bhur n-uilleannacha síos.	Put your [plur.] elbows down.

 ## Exercise 6

Help create the following commands for a teacher who wants to play "Simon Says" with her class. Eclipse and add *n-* if necessary.

1 Cuirigí bhur _____ (lámha) deasa ar bhur gcloigne.

2 Sínigí amach bhur _____ (cosa) clé.

3 Bogaigí bhur _____ (uilleannacha) suas agus síos mar chearc.

4 Luascaigí bhur _____ (coirp) anonn is anall.

13.10 Multiple meanings of bain
(Audio 2:81)

Bain means "to harvest, dig out." It is used with rock, potatoes, turf, fruit, and even hay and seaweed. **Bain** also combines with several preposi-tions to create new meanings. **Bain amach, bain anuas, bain ar, bain as, bain chuig, bain do, bain faoi,** and **bain ó** each have their special meaning. Of interest to us here in this unit is **bain de** which means to "remove" or "take off." Using the imperative, we can say to a child, **Bain díot do chóta** "Take off your coat." **De** takes the following forms when combined with pronouns, **díom** "of me," **díot** "of you," **de** "of he," "of it," **di** "of she," "of it," **dínn** "of us," **díbh** "of you" (plural), and **díobh** "of them."

Bain díot do chaipín.	Take off your [sing.] hat.
Bainigí díbh bhur gcótaí.	Take off your [plur.] coats.
Bain díot do chuid éadaí.	Take off your [sing.] clothes.
Bain díot do sheaicéad.	Take off your [sing.] jacket.

13.11 Pronunciation (Audio 2:82)

In Dialogue 26, we saw **gheobhaidh mé** "I will get." This is the future tense of the irregular verb **faigh**, "get." Dictionaries suggest the follow-ing pronunciation: /ɣ ´oːiː/. In Cois Fharraige, you can hear /ɣ´au/ or /ɣ´of ə /. The initial sound of **gheobhaidh** is similar to the initial sound in the English word "yes." In the next chapter we will learn more about the future tense and its pronunciation.

Text 4 (Audio 2:83)

The following description of the children's game, "Simon Says" is taken from Úna Lawlor's book, *Gaschaint* (2005, Dublin: An Gúm, p. 192).

Deir Ó Grádaigh

Déanann na gasúir aithris ar na gníomhartha a dhéanann Ó Grádaigh agus é ag fógairt:

"Deir Ó Grádaigh 'Cuirigí suas na lámha!'"

"Deir Ó Grádaigh 'Cuirigí na lámha ar bhur gcloigne!'"

"Deir Ó Grádaigh 'Léimigí ar an spota!'"

"Deir Ó Grádaigh 'Stopaigí ag léim!'"

"Cuirigí suas na lámha!"

"Níor dhúirt Ó Grádaigh é – tá sibhse amuigh!"

(Scaití ní bhíonn 'Deir Ó Grádaigh' sa treoir, agus má dhéanann aon duine é cuirfear an duine sin as an gcluiche.)

Is é an duine deireanach a bheas fanta an buaiteoir.

Unit 14
Socruithe
Arrangements

In this unit, we will look at:

- using the future of **bí**
- asking when an activity will take place
- forming the future progressive
- using **a bheas**
- inviting others to participate
- forming the future tense
- arranging a meeting time and place

Dialogue 27

Watching television (Audio 2:84)

Mícheál and Ríona are making plans to watch television together.

Mícheál:	An mbeidh tú saor anocht?
Ríona:	Beidh. Cén fáth?
Mícheál:	Ar mhaith leat dul go dtí an phictiúrlann sa gcathair?
Ríona:	Tá brón orm, ach tá tuirse an domhain orm agus tá an aimsir uafásach. Céard faoi thíocht go dtí m'árasán agus a bheith ag breathnú ar an teilifís?

DOI: 10.4324/9781003208587-15

Mícheál:	Tiocfaidh mé. Céard a bheas ar an teilifís anocht?
Ríona:	Níl agam ach Saorview, mar sin ní bhíonn ach RTÉ1, RTÉ2, Virgin Media agus TG4 agam sa mbaile. Ar mhaith leat breathnú ar "7 lá"?
Mícheál:	Cén sórt cláir é sin?
Ríona:	Is clár nuachta agus comhrá é le Máirín Ní Ghadhra. Bíonn sé ar siúl ag a hocht a chlog ar TG4.
Mícheál:	Nach mbeidh Ros na Rún ar siúl ina dhiaidh sin?
Ríona:	Beidh. Beidh sé le feiceáil ag leathuair tar éis a hocht. Eagrán ar leith a bheas ann, seó deireanach an tséasúir.

Note: See translation after the Key to Exercises.

 # 14.1 Vocabulary (Audio 2:85)

ócáid a cheiliúradh	to celebrate an occasion
bainis/pósadh a cheiliúradh	to celebrate a wedding
lá breithe a cheiliúradh	to celebrate a birthday
breathnú ar scannán	to watch a film
breathnú ar dhráma	to watch a drama
breathnú ar chluiche	to watch a match (game)
dul chuig seisiún ceoil	to attend a music session
dul chuig ceolchoirm	to attend a concert
dul ag an tórramh	to attend the wake
dul ag an tsochraid	to attend the funeral
Eanáir (Mí Eanáir)	January (the month of January)
Feabhra (Mí Feabhra)	February (the month of February)
Márta (Mí an Mhárta)	March (the month of March)
Aibreán (Mí Aibreáin)	April (the month of April)
Bealtaine (Mí na Bealtaine)	May (the month of May)

Meitheamh (Mí an Mheithimh)	June (the month of June)
Iúil (Mí Iúil)	July (the month of July)
Lúnasa (Mí Lúnasa)	August (the month of August)
Meán Fómhair (Mí Mheán Fómhair)	September (the month of September)
Deireadh Fómhair (Mí Dheireadh Fómhair)	October (the month of October)
Samhain (Mí na Samhna)	November (the month of November)
Nollaig (Mí na Nollag)	December (the month of December)

Names of a few months are taken from old Celtic festivals: **Bealtaine**, **Lúnasa**, and **Samhain**. These festivals traditionally marked the beginning of the seasons of summer (**samhradh**), fall (**fómhar**), and winter (**geimhreadh)** respectively. **Feabhra** marked the beginning of spring (**earrach**). Two other names of months that are unique are **Meán Fómhair**, meaning "middle of the harvest," and **Deireadh Fómhair**, meaning "end of the harvest."

14.2 The future of bí (Audio 2:86a)

We have seen many forms of the **bí** verb including **tá, níl, an bhfuil, nach bhfuil, bhí, ní raibh, an raibh**, and **nach raibh**. There is only one form used in the future, **beidh**. It is lenited and eclipsed as needed, **ní bheidh, an mbeidh, nach mbeidh**. This tense will be used here in this unit as we make arrangements to do activities with others.

An mbeidh tú saor anocht?	Will you be free tonight?
Nach mbeidh *Ros na Rún* ar siúl?	Won't *Ros na* Rún be on?
Beidh muid ag dul ag an tórramh.	We will be attending the wake.
Ní bheidh muid in ann a lá breithe a cheiliúradh.	We will not be able to celebrate her birthday.

Note that the first-person plural is indicated as **beidh muid** above. Both this form and the standard **beimid** can be heard in Cois Fharraige.

14.3 Asking when an activity will take place

To ask when an activity will take place, we can say **Cén uair a bheas sé ar siúl?** "When will it be happening?" or **Cén t-am a bheas sé ar siúl?** "What time will it be on?" A simple response can be citing the month or the day.

Cén uair a bheas an fhéile ar siúl?	When will the festival be happening?
Meán Fómhair seo chugainn.	This coming September.
Cén t-am a bheas an seó ar TG4?	What time will the show be on TG4?
Déardaoin ag a hocht.	Thursday at eight.

Exercise 1

Respond in the negative to the following requests using vocabulary provided. E.g., An mbeidh tú saor anocht? (freastal ar sheisiún ceoil) → Ní bheidh. Beidh mé ag dul chuig seisiún ceoil.

1 An mbeidh tú saor oíche amárach? (freastal ar an tórramh)
2 An mbeidh tú saor an tseachtain seo chugainn? (ceiliúradh mo bhreithlae)
3 An mbeidh tú saor Dé Sathairn? (breathnú ar chluiche)

14.4 Irish culture

Summer festivals

Féile Chuigéil, Leitir Mealláin, Connemara. Photo by Tomás Ó híde.

Activities that take much planning in many communities in Cois Fharraige and further west in Connemara are **féilte** or festivals, one of which was referred to in the reading of Unit 12. There are festivals in many coastal villages of which the most prominent activity is boat races with the **húicéara** "hooker" and the **curach**.

The festivals take place typically on weekends from May until September. An example of one such festival would be **Féile Ros a' Mhíl.** (The word **an** "the" is often shortened to **a'** in popular usage.) Held in the Cois Fharraige village of Ros an Mhíl, the festival which is scheduled in early September includes hooker racing and other competitions as well as open-air entertainment. Hardly a week goes by from May until September without a festival in West Galway.

The **húicéara** is a traditional sailing boat used in Galway Bay (**Cuan na Gaillimhe**). The boat used to transport turf, the fuel used for cooking and heating, and was designed for the rough waters of the bay. It is noted for its three sails, a main sail and two foresails. The hull is painted black with tar and the sails are a distinctive dark red. A full-length boat is referred to as a **bád mór**. A smaller version of the boat is referred to as a **leathbhád**. The **gleoiteog** is slightly smaller but with the same sail formation. It is used for fishing and transporting goods. A **púcán** is the same size as a **gleoiteog** but has only one foresail accompanying the main sail. A **curach** is a small boat or canoe. This rowboat is most often covered with canvas painted with tar.

Most gatherings of this sort are referred to as a **féile** and were originally part of a saint's feast-day celebrations. This can still be seen in some cases such as Féile Mhic Dara which, as part of the celebrations, includes an open-air Mass on Oileán Mhic Dara, the island named after St Mac Dara.

 ## 14.5 The future progressive
(Audio 2:86b)

We have already seen the progressive in other tenses with **ag** and the verbal noun. Likewise, with the future, we can talk about an activity that will be going on in the future over a period of time. For example, to answer the question **An mbeidh tú ag déanamh cúrsa Gaeilge sa samhradh?** "Will you be doing an Irish-language course in the summer?" you can reply, **Beidh mé ag foghlaim Gaeilge sa nGaeltacht** "I will be learning Irish in the Gaeltacht."

Beidh sí ag obair anseo as seo amach.	She will be working here from now on.
Beidh muid ag snámh sa bhfarraige an samhradh seo.	We will be swimming in the sea this summer.
Ní bheidh siad ag fanacht in éindí linn.	They will not be staying with us.

14.6 Variations with the verb "*to be*"

You will hear in Cois Fharraige and in other parts of Ireland **a bheas** /ə vˊes/ in place of the standard **a bheidh** /ə vˊeɣˊ/. **A** in this case is referred to as a relative particle. In a sentence such as **Cén uair a bheas tú ag imeacht?** "What time will you be leaving?" there is no translation for the **a**. In a sentence such as **Is é an múinteoir a bheas ag tíocht linn** "He is the teacher that will be coming with us," the **a** is referred to as a relative pronoun and can be translated, depending on the sentence, as "that," "which," or "who." We only see **bheas** used in this relative form after the particle or pronoun. For example, **Beidh muid ag súil go mór leis an seó a bheas ar siúl anocht ag a hocht** "We are greatly anticipating the show that will be playing tonight at eight."

Exercise 2

Change the following sentences from present progressive to future progressive. E.g., Tá mé ag roinnt árasáin le cara liom. → Beidh mé ag roinnt árasáin le cara liom.

1 Tá mé ag dul soir go Gaillimh.

2 Tá mé ag imirt camógaíochta.

3 Tá mé ag foghlaim Spáinnise.

4 Tá mé ag obair in Indreabhán.

5 Tá mé ag déanamh dioplóma san aisteoireacht.

Exercise 3

Choose the correct term to complete each sentence. Lenite or eclipsis **beidh** as needed.

1 An _____ tú saor anocht? (beidh/a bheas)

2 Céard _____ ar an teilifís anocht? (beidh/a bheas)

3 Nach _____ Ros na Rún ar siúl ina dhiaidh sin? (beidh/a bheas)

4 _____ sé le feiceáil oíche amárach. (beidh/a bheas)

5 Eagrán ar leith_____ ann, seó deireanach an tséasúir. (beidh/ a bheas)

6 _____ muid ag dul ag an tórramh. (beidh/a bheas)

7 Cén uair _____ an fhéile ar siúl? (beidh/a bheas)

14.7 Inviting others to participate
(Audio 2:87)

In an earlier chapter, we saw the expression **Ar mhaith leat tuilleadh tae?** "Would you like more tea?" To ask others to participate in an activity, we also use this **ar mhaith leat** construction in sentences such as, **Ar mhaith leat tíocht?** "Would you like to come?"

Ar mhaith leat dul go dtí an cluiche?	Would you like to go to the match (game)?
Ar mhaith leat scannán a fheiceáil liom?	Would you like to see a film with me?

To accept such an offer, you can respond **Ba bhreá liom** "I'd love to." Likewise, to kindly decline, you can say **Ba bhreá liom, ach beidh mé graitheach ag an am sin** (**gnóthach** "busy"). You can decline by saying, **Tá aiféala orm** "I'm sorry." For example, **Tá aiféala orm, ach ní féidir liom tíocht** "I'm sorry, but I cannot come."

 Exercise 4

Pick the best answer to the following invitations. Use the positive or negative cue in parentheses to find the right answer.

1 Ar mhaith leat tíocht? (+)
  a. Ba bhreá liom, ach beidh mé ag obair.
  b. Ba bhreá liom, go raibh maith agat.
  c. Ba bhreá liom Spáinnis a fhoghlaim.

2 Ar mhaith leat freastal ar cheolchoirm? (–)
  a. Ní maith liom ceol, ach go raibh maith agat.
  b. Ní maith liom spórt, ach b'fhéidir an chéad uair eile.
  c. Níl mé cinnte. Cén uair a bheas sé ar siúl?

3 Ar mhaith leat dul amach le pionta a ól? (+)
  a. Ba bhreá liom, ach níl tart orm.
  b. Ba bhreá liom. Beidh ceol sa teach tábhairne anocht.
  c. Ba bhreá liom, ach ní bheidh mé in ann. Tá cruinniú agam ag a hocht a chlog maidin amárach.

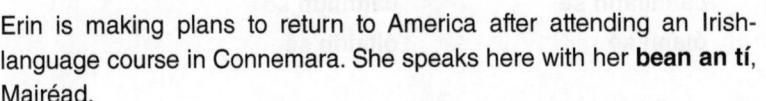

Dialogue 28

End of visit to Ireland (Audio 2:88)

Erin is making plans to return to America after attending an Irish-language course in Connemara. She speaks here with her **bean an tí**, Mairéad.

Mairéad:	Cén uair a bheas tú ag fágáil na Ceathrún Rua?
Erin:	Beidh an cúrsa críochnaithe tráthnóna Dé hAoine agus beidh mé ag dul go dtí an t-aerfort maidin Dé Sathairn.
Mairéad:	An mbeidh tú ag eitilt ó Aerfort na Sionainne go JFK?
Erin:	Beidh. Tá mé i mo chónaí i Nua-Gheirsí in aice le Nua-Eabhrac.
Mairéad:	Cén t-am a n-imeoidh an t-eitleán?
Erin:	Imeoidh sé ag a dó a chlog sa tráthnóna agus beidh sé i Nua-Eabhrac thart ar cheathrú tar éis a ceathair, am Nua-Eabhrac, ar ndóigh.
Mairéad:	Beidh tú sásta a bheith sa mbaile aríst, nach mbeidh?
Erin:	Bhí sé fíordheas cúpla seachtain a chaitheamh anseo, ach beidh mé sásta a bheith ar ais sa mbaile mar sin féin.

Note: See translation after the Key to Exercises.

14.8 Future tense (Audio 2:89)

Similar to the simple future form of **bí**, **beidh**, the future form of other verbs uses one form in the future for all persons, singular and plural. Type 1 Verbs will end in *-f(a)idh*. The *f* is pronounced as *h*. Type 2 Verbs end in *-óidh* or *-eoidh*. The simple future in Irish is often constructed by taking the simple present form of the verb, removing the ending, and adding the appropriate future ending.

Type 1 Verbs

Present	Future
baineann sé	**bainfidh sé**
caitheann sé	**caithfidh sé**
ólann sé	**ólfaidh sé**

Type 2 Verbs

Present	Future
ceannaíonn sé	**ceannóidh sé**
éiríonn sé	**éireoidh sé**
imíonn sé	**imeoidh sé**

Remember, if the root ends in a slender vowel *e* or *i*, it will take -*fidh* for Type 1 verbs and -*eoidh* for Type 2 verbs. If the root ends in a broad vowel *a*, *o*, or *u*, it will take -*faidh* or -*óidh* respectively.

You will need to learn verbs that form the future in other ways as you go along, whether they are regular or irregular. You have already seen two irregular verbs in the future in this book, **íosfaidh sé** "he will eat" and **feicfidh sí** "she will see."

The first-person plural is often indicated as two words, **caithfidh muid**, for example. The standard in this case is **caithfimid** which can also be heard in Cois Fharraige.

Exercise 5

Place the following verbs in the future form using the rules above. E.g., casann muid we sing → casfaidh muid

1	buaileann sé	he hits
2	fanann muid	we wait, stay
3	ceannaíonn sí	she buys
4	imíonn tú	you leave
5	tosaíonn siad	they begin
6	cuireann sibh	you put

7 dúnann tú	you close
8 glanann tú	you clean
9 scríobhann sí	she writes
10 stopann sibh	you stop
11 dúisíonn siad	they awake
12 éiríonn sibh	you rise
13 osclaíonn sé	he opens
14 tosaíonn sibh	you begin

14.9 Arranging a meeting time and place (Audio 2:90)

To ask what time you will get together with a friend, you can say **Cén t-am a chasfas muid le chéile?** "What time will we meet together? [lit.]" Similar to **a bheas**, you can also hear other verbs in this traditional form, **a chasfas muid** instead of the standard **a gcasfaimid**. You can respond **Casfaidh muid ag a seacht a chlog** "We will meet at seven o'clock." For a short answer, you can simply say the time, **ag a seacht** "at seven."

| **Cén t-am a chasfas muid le chéile?** | What time will we meet together? |
| **Cén t-am a dhéanfas muid an cáca?** | What time will we make the cake? |

Similarly, to ask where you will meet, you can say **Cén áit a chasfas muid** "Where will we meet?" or **Cén áit a chasfas mé leat?** "Where will I meet you?"

Cén áit a chasfas mé leat?	Where will I meet with you?
Casfaidh mé leat ag cúinne an bhóthair.	I will meet you on the street corner.
Istigh sa teach tábhairne.	Inside the pub.

Exercise 6

Answer the following questions with the indicated prompts. See Unit 6 if you need to review times. E.g., Cén t-am a chasfas muid le chéile? (8:00) → Casfaidh muid le chéile ag a hocht a chlog.

1 Cén t-am a chasfas muid le chéile? (4:30)

2 Cén t-am a chasfas muid le chéile? (2:15)

3 Cén t-am a chasfas muid le chéile? (7:45)

4 Cén t-am a chasfas muid le chéile? (5:00)

14.10 Loanwords from English
(Audio 2:91)

This textbook is dedicated to the teaching and documenting of Irish as spoken in Cois Fharraige. It is common in any living language for words of other languages to be borrowed or adopted. Since the Irish-speaking community is surrounded by the English-speaking community in Ireland, it is not surprising to hear some English words in Irish, though there are notably few. One such word is "party" used in place of **cóisir**. Another word is "surprise" meaning **bronntanas** or "small gift for a child." "**By dad**" is an frequent expression by older speakers meaning **ó mo léan** or "my goodness."

An bhfuil tú ag dul ag an party?	Are you going to the party?
Má tá tú go maith, tabharfaidh mé surprise chugat.	If you behave well, I will give you a surprise.
By dad, bhí an-lá againn!	My goodness, we had a great day.

Just as you were advised in the first chapter to opt for **Dia dhuit** when greeting someone instead of **Haigh** "Hi," likewise, it is advised here that you use the Irish versions rather than the English loan words when speaking. Just be aware that should a native speaker use one of these borrowed terms, it is not usually the case that the Irish word is not known to the speaker, but rather the loan word is widely used for one of many reasons.

An example of an Irish loanword in English is "galore" or **go leor**. Why do English speakers say "galore" when they could as easily say "plenty"? This is the nature of borrowing from one language to another.

Text 5 (Audio 2:92)

Here a popular folk song provides us with examples of the future tense.

Beidh aonach amárach i gContae an Chláir
Beidh aonach amárach i gContae an Chláir
Beidh aonach amárach i gContae an Chláir
Cén mhaith dhom é, ní bheidh mé ann

Is a mháithrín, an ligfidh tú chun aonaigh mé
Is a mháithrín, an ligfidh tú chun aonaigh mé
Is a mháithrín, an ligfidh tú chun aonaigh mé
A mhuirnín ó, ná héiligh é

Níl tú a deich ná a haon déag fós
Níl tú a deich ná a haon déag fós
Níl tú a deich ná a haon déag fós
Nuair a bheidh tú trí déag, beidh tú mór

Is a mháithrín, . . .

Táimse i ngrá le gréasaí bróg
Táimse i ngrá le gréasaí bróg
Táimse i ngrá le gréasaí bróg
Mura bhfaighe mé é, ní bheidh mé beo

Is a mháithrín, . . .

B'fhearr liom féin mo ghréasaí bróg
B'fhearr liom féin mo ghréasaí bróg
B'fhearr liom féin mo ghréasaí bróg
Ná oifigeach airm faoi lásaí óir

Is a mháithrín, . . .

| **máithrín** | little mother | **muirnín** | darling |

Note: The actual sung versions of this folk song are widely available.

Grammar summary

Word order

The normal structure of the sentence in Irish (as in the other modern Celtic languages) is verb–subject–object. (By way of contrast, the normal order in English is subject–verb–object.)

Ólann Máiréad tae.			**Máiréad drinks tea.**		
verb	subject	object	subject	verb	object

However, this may be modified for emphasis: **Tae a ólann Máiréad.** Moving the object to the front of the sentence stresses that it is tea that Máiréad drinks, as opposed to other beverages.

The article

There is no indefinite article ("a," "an") in Irish. The definite article "the" is **an** in the singular, except before a feminine noun in the genitive case, when it is **na**; the plural form is also **na**. The singular article **an** combines with several prepositions that end in a vowel: **de + an = den**, **ó + an = ón**, etc. When a definite noun is followed by a definite noun in the genitive case, the article is not used with the first noun: **lámh na mná** "the hand of the woman."

An causes a **t** to be prefixed:

- to a masculine noun beginning with a vowel (unless the noun is in the genitive case or a pronoun precedes the article): **an t-airgead** "the money," but **saothrú an airgid** "the earning of the money," **leis an airgead** "with the money."
- to a feminine noun that begins with **s** followed by a vowel or *l*, *n*, or *r*: **an tsiopadóireacht** "the shopping," **leis an tsnáthaid** "with the needle."

- to a masculine noun in the genitive case that begins with *s* followed by a vowel or *l*, *n*, or *r*: **bruach an tsrutháin** "the bank of the stream."

An causes lenition of the initial consonant (other than *d*, *s*, or *t*; lenition of *l*, *n*, and *r* is not shown in writing, although their pronunciation may be affected in some dialects):

- of a feminine noun (unless, except in Ulster Irish, a pronoun precedes the article): **an bhean** "the woman."
- of a masculine noun in the genitive case: **cóta an fhir** "the man's coat."

An causes eclipsis of a noun's initial consonant (other than *d* or *t*, except in Munster Irish, or *l*, *m*, *n*, or *s*) after **ag, ar, chuig, leis, roimh, thar, trí**, and in combination with preposition, **faoin** and **ón**: **ar an bhféar** "on the grass," **chuig an gcathair** "to the city," **faoin gcrann** "under the tree." Note: Ulster Irish uses lenition under these circumstances: **ar an mhadadh** "on the dog." **Sa** "in the" causes eclipsis in Connacht Irish: **sa mbaile** "at home," but causes lenition in the other dialects.

Na causes *h* to be prefixed to a noun beginning with a vowel:

- in the genitive singular feminine: **barr na haille** "the top of the cliff."
- in the plural (unless the noun is in the genitive case): **ar na haibhneacha** "on the rivers" but **sruth na n-aibhneacha** "the flow of the rivers."

Na causes eclipsis of nouns in the genitive plural: **doirse na dtithe** "the doors of the houses," **cumadóir na n-amhrán** "the composer of the songs."

The noun

Gender

All nouns in Modern Irish are either masculine or feminine; there is no neuter gender in the modern language. Nouns that end in a broad consonant tend to be masculine and those that end in a slender consonant tend to be feminine, but there are a great many exceptions to this; for example, all nouns ending in -óg or -*eog* are feminine, and all nouns with the diminutive ending -ín are masculine, even **cailín** "girl."

The genitive case

A noun takes the genitive case when it follows:

- another noun: **doras an chairr** "the door of the car."
- a verbal noun: **ag ullmhú an dinnéir** "preparing the dinner."
- a compound preposition: **i ndiaidh an tsamhraidh** "after the summer."
- after certain simple prepositions such as **chun (ag dul chun deiridh** "going backwards"), and **timpeall (timpeall an ama sin** "around that time").
- words denoting quantity: **mórán dóchais** "a lot of hope," **beagán airgid** "a little money," **do chuid gruaige** "your hair."

Younger speakers often do not use the genitive, especially in the spoken language, but the genitive case is still generally employed in writing.

The declensions of the nouns

A system of five declensions, modeled after Latin grammar, was developed to classify Irish nouns.

First declension

The first declension consists of masculine nouns that end in a broad consonant; the genitive singular is formed by making the final consonant slender.

Nominative singular	Genitive singular	Nominative plural	Genitive plural
fear a man	**hata an fhir** the man's hat	**na fir** the men	**bróga na bhfear** the men's shoes
úll an apple	**blas an úill** the taste of the apple	**na húlla** the apples	**dath na n-úll** the color of the apples
aonach a fair	**ar fud an aonaigh** throughout the fair	**na haontaí** the fairs	**deireadh na n-aontaí** the end of the fairs

Second declension

The second declension consists of feminine nouns, with very few exceptions; they all end in a consonant.

Nominative singular	Genitive singular	Nominative plural	Genitive plural
Leabharlann a library	**ballaí na leabharlainne** the walls of the library	**na leabhar-lanna** the libraries	**bailiúcháin na leabharlann** the collections of the libraries
ubh an egg	**blaosc na huibhe** the eggshell	**na huib-heacha** the eggs	**praghas na n-uibheacha** the price of the eggs

Third declension

The third declension includes both masculine and feminine nouns; all end in a consonant and form the genitive singular by adding *a* (after making the ending broad, if it is slender in the nominative).

Nominative singular	Genitive singular	Nominative plural	Genitive plural
Cainteoir a speaker	**feabhas an chainteora** the excellence of the speaker	**na cainteoirí** the speakers	**ainmneacha na gcainteoirí** the names of the speakers
loch a lake	**bruach na locha** the edge of the lake	**na lochanna** the lakes	**doimhne na lochanna** the depth of the lakes

Fourth declension

The fourth declension includes most nouns that end in a vowel, all nouns that end in the diminutive, -ín, and a few masculine nouns that end in another consonant. The nominative singular ending is the same as the genitive singular, and the nominative plural is the same as the genitive plural:

Nominative singular	Genitive singular	Nominative plural	Genitive plural
ríomhaire a computer	méarchlár an ríomhaire the keyboard of the computer	na ríomhairí the computers	crua-earraí na ríomhairí the hardware of the computers
tine a fire	ag fadú na tine kindling the fire	na tinte the fires	ag múchadh na dtinte extinguishing the fires
cailín a girl	athair an chailín the girl's father	na cailíní the girls	scoil na gcailíní the girls' school
ainm a name	os cionn an ainm above the name	na hainmneacha the names	ag cruinniú na n-ainmneacha gathering the names

Fifth declension

Fifth declension nouns are mostly feminine, and end in a slender consonant or a vowel; their genitive singular ends in a broad consonant.

Nominative singular	Genitive singular	Nominative plural	Genitive plural
máthair a mother	iníon na máthar the mother's daughter	na máithreacha the mothers	sláinte na máithreacha the health of the mothers
cara a friend	teach an charad the friend's house	na cairde the friends	cúnamh na gcairde the help of the friends
caora a sheep	súil na caorach the eye of the sheep	na caoirigh the sheep	olann na gcaorach the sheeps' wool

A few words fit into no declension:

Nominative singular	Genitive singular	Nominative plural	Genitive plural
bean a woman	**mac na mná** the woman's son	**na mná** the women	**saoirse na mban** women's liberation
deirfiúr a sister	**fear na deirféar** the sister's husband	**na deirfiúracha** the sisters	**aithreacha céile na ndeirfiúracha** the sisters' fathers-in-law

The adjective

The majority of adjectives are declined according to just a few patterns:

	Nominative singular	Genitive singular	Nominative plural	Genitive plural
beag little	**an t-éan beag** the little bird **an bheach bheag** the little bee	**an éin bhig** of the little bird **na beiche bige** of the little bee	**na héin bheaga** the little birds **na beacha beaga** the little bees	**na n-éan beag** of the little birds **na mbeach beag** of the little bees
maith good	**an fear maith** the good man **an bhean mhaith** the good woman	**an fhir mhaith** of the good man **na mná maithe** of the good woman	**na fir mhaithe** the good men **na mná maithe** the good women	**na bhfear maith** of the good men **na mban maith** of the good women
iontach wonderful	**an lá iontach** the wonderful day **an chláirseach iontach** the wonderful harp	**an lae iontaigh** of the wonderful day **na cláirsí iontaí** of the wonderful harp	**na laethanta iontacha** the wonderful days **na cláirseacha iontacha** the wonderful harps	**na laethanta iontacha** of the wonderful days **na gcláirseach iontach** of the wonderful harps
leisciúil lazy	**an buachaill leisciúil** the lazy boy **an ghirseach leisciúil** the lazy girl	**an bhuachalla leisciúil** of the lazy boy **na girsí leisciúla** of the lazy girl	**na buachaillí leisciúla** the lazy boys **na girseacha leisciúla** the lazy girls	**na mbuachaillí leisciúla** of the lazy boys **na ngirseach leisciúil** of the lazy girls

Comparison of adjectives

The equative degree

To say that someone or something is "as . . . as someone or something else," you use the construction **chomh . . . le**:

Níl Máire chomh hard liomsa.	Máire is not as tall as I.
Bhí an carr chomh sean leis na cnoic.	The car was as old as the hills.

Related constructions include **chomh . . . sin**, to say that something is so X or that X: **Ní raibh sé chomh dona sin** "It wasn't that bad" and **chomh . . . is a**, followed by a verb **Dhíol siad an teach chomh luath is a bhí siad in ann é a dhéanamh** "They sold the house as soon as they were able to do so."

The comparative degree

To make comparisons, the comparative form of the adjective is used, either placed after **níos** and the substantive verb, or after the copula:

Tá Cáit níos cliste ná Peadar
Is cliste Cáit ná Peadar. } Cáit is cleverer than Peadar.

The comparative form of the adjective is usually the same as the genitive singular feminine:

glas	green
Tá an fear seo níos glaise.	This grass is greener.
salach	dirty
Is salaí na soithí sin.	Those dishes are dirtier.
spéisiúil	interesting
Bhí mo scéalsa níos spéisiúla.	My story was more interesting.

However, a number of adjectives have irregular comparative forms, for example:

beag	small	**lú**	smaller, less
mór	big	**mó**	bigger
maith	good	**fearr**	better
dona	bad	**measa**	worse
fada	long	**faide**	longer
furasta	easy	**fusa**	easier
gearr	short	**giorra**	shorter
te	hot	**teo**	hotter

The superlative degree

The superlative uses the same form of the adjective as the comparative, preceded by the appropriate form of the copula:

Sin é an teach is mó.	That is the biggest house.
Bhí Sinéad ar an duine ba chliste ansin.	Sinéad is the cleverest person there.

Prepositions

Prepositional pronouns

In addition to the prepositional pronouns formed on **ag** and **ar**, as shown in the text, another dozen prepositions are widely used to form prepositional pronouns:

As "out of, out from"		**Chuig** "to"	
asam	out of me	**chugam**	to me
asat	out of you (sing.)	**chugat**	to you (sing.)
as	out of him	**chuige**	to him
aisti	out of her	**chuici**	to her
asainn	out of us	**chugainn**	to us
asaibh	out of you (plur.)	**chugaibh**	to you (plur.)
astu	out of them	**chucu**	to them
De "of, from"		**Do** "to, for"	
díom	of me	**dom**	to me
díot	of you (sing.)	**duit**	to you (sing.)
de	of him	**dó**	to him
di	of her	**di**	to her
dínn	of us	**dúinn**	to us
díbh	of you (plur.)	**daoibh**	to you (plur.)
díobh	of them	**dóibh**	to them
Faoi "under, about"		**I** "in"	
fúm	under me	**ionam**	in me
fút	under you (sing.)	**ionat**	in you (sing.)
faoi	under him	**ann**	in him
fúithi	under her	**inti**	in her
fúinn	under us	**ionainn**	in us
fúibh	under you (plur.)	**ionaibh**	in you (plur.)
fúthu	under them	**iontu**	in them
Idir "between"		**Le** "with"	
–		**liom**	with me
–		**leat**	with you (sing.)
–		**leis**	with him
–		**léi**	with her
eadrainn	between us	**linn**	with us
eadraibh	between you (plur.)	**libh**	with you (plur.)
eatarthu	between them	**leo**	with them

Ó "from"		**Roimh** "before"	
uaim	from me	**romham**	before me
uait	from you (sing.)	**romhat**	before you (sing.)
uaidh	from him	**roimhe**	before him
uaithi	from her	**roimpi**	before her
uainn	from us	**romhainn**	before us
uaibh	from you (plur.)	**romhaibh**	before you (plur.)
uathu	from them	**rompu**	before them

Thar "over"		**Trí** "through"	
tharam	over me	**tríom**	through me
tharat	over you (sing.)	**tríot**	through you (sing.)
thairis	over him	**tríd**	through him
thairsti	over her	**tríthi**	through her
tharainn	over us	**trínn**	through us
tharaibh	over you (plur.)	**tríbh**	through you (plur.)
tharstu	over them	**tríothu**	through them

The verb

Regular verbs in Irish fall into two conjugations. Verbs of the first conjugation end in -*ann* or -*eann* in the present tense, and second-conjugations verbs have present-tense endings in -*aíonn* or -*íonn*.

First conjugation

Present

Singular		*Plural*	
cuirim	I put	**cuirimid**	we put
cuireann tú	you put	**cuireann sibh**	you put
cuireann sé/sí	he/she puts	**cuireann siad**	they put

Autonomous: **cuirtear** is put

Second conjugation

Singular		*Plural*	
osclaím	I open	**osclaímid**	we open
osclaíonn tú	you open	**osclaíonn sibh**	you open
osclaíonn sé/sí	he/she opens	**osclaíonn siad**	they open

Autonomous: **osclaítear** is opened

Past

Singular		*Plural*	
chuir mé	I put	**chuireamar**	we put
chuir tú	you put	**chuir sibh**	you put
chuir sé/sí	he/she put	**chuir siad**	they put

Autonomous: **cuireadh** was put

Singular		*Plural*	
d'oscail mé	I opened	**d'osclaíomar**	we opened
d'oscail mé	you opened	**d'oscail sibh**	you opened
d'oscail sé/sí	he/she opened	**d'oscail siad**	they opened

Autonomous: **osclaíodh** was opened

Past habitual

Singular		*Plural*	
chuirinn	I used to put	**chuirimís**	we used to put
chuirteá	you used to put	**chuireadh sibh**	you used to put
chuireadh sé/sí	he/she used to put	**chuiridís**	they used to put

Autonomous: **chuirtí** used to be put

Singular		Plural	
d'osclaínn	I used to open	**d'osclaímís**	we used to open
d'osclaíteá	you used to open	**d'osclaíodh sibh**	you used to open
d'oscail sé/sí	he/she used to open	**d'osclaídís**	they used to open

Autonomous: **d'osclaítí** used to be opened

Future

Singular		Plural	
cuirfidh mé	I will put	**cuirfimíd**	we will put
cuirfidh tú	you will put	**cuirfidh sibh**	you will put
cuirfidh sé/sí	he/she will put	**cuirfidh siad**	they will put

Autonomous: **cuirfear** will be put

Singular		Plural	
osclóidh mé	I will open	**oscloímid**	we will open
osclóidh tú	you will open	**osclóidh sibh**	you will open
osclóidh sé/sí	he/she will open	**osclóidh siad**	they will open

Autonomous: **osclófar** will be opened

In addition to the verbal tenses and moods mentioned in the text, the conditional mood is very important: it is used to indicate what would happen, or would have happened. Often it is preceded by **dá** "if," or the negative form, **mura** "unless," both of which cause eclipsis: **mura n-osclóinn an doras** "unless I would have opened the door"; **dá bhfaighfeá an litir in am** "if you would have gotten the letter in time."

Conditional

Singular		Plural	
chuirfinn	I would put	**chuirfimís**	we would put
chuirfeá	you would put	**chuirfeadh sibh**	you would put
chuirfeadh sé/sí	he/she would put	**chuirfidís**	they would put

Autonomous: **chuirfí** would be put

Singular		Plural	
d'osclóinn	I would open	**d'oscloímís**	we would open
d'osclófá	you would open	**d'osclódh sibh**	you would open
d'osclódh sé/sí	he/she would open	**d'osclóidís**	they would open

Autonomous: **d'osclófaí** would be opened

The present subjunctive mood is used mainly in blessings, wishes, and curses. **Go raibh maith agat** "Thank you," is a blessing, literally, "may good be at you." If you wish to decline an offer such as **Ar mhaith leat tuilleadh tae?**, "Would you like more tea?," be sure to answer, **Níor mhaith, go raibh maith agat** "I would not, thank you." Do not accidentally use the negative of "Thank you" **Ná raibh maith agat**, "may there be no good at you."

Present subjunctive

Singular		Plural	
go gcuire mé	may I put	**go gcuirimid**	may we put
go gcuire tú	may you put	**go gcuire sibh**	may you put
go gcuire sé/sí	may he/she put	**go gcuire siad**	may they put

Autonomous: **go gcuirtear** may be put

Singular		Plural	
go n-osclaí mé	may I open	**go n-osclaímíd**	may we open
go n-osclaí tú	may you open	**go n-osclaí sibh**	may you open
go n-osclaí sé/sí	may he/she open	**go n-osclaí siad**	may they open

Autonomous: **go n-osclaítear** may be opened

Imperative

Singular		Plural	
cuirim	let me put	**cuirimís**	let us put
cuir	put	**cuirigí**	put
cuireadh sé/sí	let him/her put	**cuiridís**	let them put

Autonomous: **cuirtear** may be put
Verbal noun: **cur**
Verbal adjective: **curtha**

Singular		Plural	
osclaím	let me open	**osclaímís**	let us open
oscail	open	**osclaígí**	open
d'oscail sé/sí	let him/her open	**d'osclaídís**	let them open

Autonomous: **osclaítear** may be opened
Verbal noun: **oscailt**
Verbal adjective: **oscailte**

Questions are asked by placing the interrogative particle **an** before the verb in the present tense, as well as in the past habitual, future, and conditional. **An** causes eclipsis of a verb that begins with a consonant (apart from *l*, *m*, *n*, *r*, and *s*). In the past tense of regular verbs the particle used is **ar**, which is followed by lenition of the initial consonant of a verb that begins with a consonant (other than *l*, *n*, or *r*), unless the verb is in the past autonomous.

The negative particle is **ní**, which causes lenition of all susceptible initial consonants, but in the past tense of regular verbs its place is taken by **níor**, which again lenites initial consonants, unless the verb is in the past autonomous.

To ask questions in the negative, a negative interrogative particle, **nach**, is employed and followed by eclipsis of the first letter of the verb: **Nach n-ólfaidh siad bainne?** "Won't they drink milk?" In the past tense, the particle is **nár**, followed by lenition of regular verbs that are not in the past autonomous: **Nár chuir tú amach é?** "Didn't you send it out?" but **Nár cuireadh amach é?** "Wasn't it sent out?"

Negative commands are made in the imperative mood with **Ná**, which causes neither lenition nor eclipsis, but does causes *h* to be prefixed to a verb beginning with a vowel. **Ná hoscail é!** "Don't open it!"

Irregular verbs

Note: Only the irregular features are shown.

Beirim *"I bear"*

Past	Future	Conditional
rug mé, etc.	**béarfaidh mé**, etc.	**bhéarfainn**, etc.
I bore, etc.	I will bear, etc.	I would bear, etc.

Verbal noun: **breith**
Verbal adjective: **beirthe**

Cloisim/Cluinim *"I hear"*

Past	
chuala mé, etc.	I heard, etc.

Verbal noun: **cloisteáil/cluinstin**
Autonomous: **chualathas** was heard

Déanaim *"I do, make"*

rinne mé, or **dhein mé,** etc. I did etc., **ni dhearna mé,** or **nior dhein mé,** etc. I did not, etc.

Verbal noun: **déanamh**

Deirim *"I say"*

Present	Future	Conditional
deirim, etc.	**déarfaidh mé**, etc.	**déarfainn**, etc.
I say	I will say	I would say
ní deirim	**ní déarfaidh mé**, etc.	**ní déarfainn**, etc.
I do not say	I will not say	I would not say

Past Habitual	Past	Imperative
deirinn, etc.	**dúirt mé**, etc. I said	**abraim**, etc.
I used to say	**ní dúirt mé**, etc.	let me say
	I did not say	**abair** say
	dúramar we said	
	ní dúramar we did not say	
	Autonomous: **dúradh** was said	
	ní dúradh was not said	

Verbal noun: **rá**
Verbal adjective: **ráite**

Faighim *"I get, find"*

Past	Future	Conditional
fuair mé, etc.	**gheobhaidh mé**, etc.	**gheobhainn**, etc.
I got	I will get, ní	I would get
ní bhfuair mé	**bhfaighidh mé**, etc.	**ní bhfaighfinn**, etc.
I did not get	I will not get	I would not get
Autonomous: **fuarthas** was gotten	Autonomous: **gheofar** will be gotten **ní bhfaighfear** will not be gotten	**gheofá** you would get **ní bhfaighfeá** you would not get Autonomous: **gheofaí** would be gotten **ní bhfaighfí** would not be gotten

Verbal noun: **fáil**
Verbal adjective: **faighte**

Feicim *"I see"*

Past
chonaic mé, etc.
I saw, etc.
Autonomous: **chonacthas** was
seen

ní fhaca mé etc.
I did not see, etc.
Autonomous: **ní fhacthas** was
not seen

Verbal noun: **fheiceáil**
Verbal adjective: **feicthe**

Ithim *"I eat"*

Future
íosfaidh mé, etc. I will eat, etc.

Conditional
d'íosfainn, etc. I would eat, etc.

Verbal noun: **ithe**

Tagaim *"I come"*

Past
tháinig mé, etc.
I came, etc.,
thángamar we came,
Autonomous: **thángthas**
was come

Future
tiocfaidh mé, etc.
I will come, etc.

Conditional
thiocfainn, etc.
I would come, etc.

Imperative: **tar** come
Verbal noun: **teacht**

Téim *"I go"*

Past	*Future*	*Conditional*
chuaidh mé, etc.	**rachaidh mé**, etc.	**rachainn**, etc.
I went, etc.,	I will go, etc.	I would go, etc.

ní dheachaigh mé
I did not go,
Autonomous: **chuathas** was
gone, **ní dheachthas** was not
gone

Verbal noun: **dul**
Verbal adjective: **dulta**

Future	*Conditional*
tabharfaidh mé, etc.	**thabharfainn**, etc.
I will give, etc.	I would give, etc.
Imperative: **tabhair** give	

Tugaim *"I give"*

Verbal noun: **tabhairt**
Verbal adjective: **tugtha**

The verb *"to be"*

The substantive verb: **Tá mé** "I am"

Present	*Present habitual*
tá mé, etc. I am, etc.	**bím, bíonn tú**, etc.
níl mé, etc. I am not, etc.	I am, you are, etc.
go bhfuil mé, etc. that I am, etc.,	
Autonomous: **táthar** one is,	
people are	

Past
bhí mé, etc. I was, etc.
ní raibh mé, etc. I was not, etc.
Autonomous: **bhíothas** one was,
people were
ní rabhthas one was not, people
were not

Past habitual
bhínn, etc. I used to be, etc.

Future
beidh mé, etc. I will be, etc.
Imperative: **bí** be
Present subjunctive: **go raibh
mé**, etc. May I be, etc.

Conditional
bheinn, etc. I would be, etc.

The copula: *is* **"is, are"**

Present and future	*Statements Positive*	*Negative*	*Questions Positive*	*Negative*
Principal clauses	**is**	**ni**	**an** or **ar; ab** before **ea, é, i, iad**	**nach**
Dependent clauses	**gur (gurb)**	**nach**	**an** or **ar;** **ab** before **ea, é, i, iad**	**nach**
Direct relative	**is**	**nach**		
Indirect relative	**ar (arb)**	**nach**		

Past (and conditional)

Principal clauses	**ba**	**nior (niorbh); or ni ba**	**ar (arbh)**	**nar (narbh)**
Dependent	**gur**	**nar**	**ar (arbh)**	**nar (narbh)**
clauses	**(gurbh); (or go mba)**	**(narbh)**		
Direct relative	**ba (ab)**	**nar (narbh)**		
Indirect relative	**ar(arbh)**	**nar (narbh)**		

Dialect appendix

The Irish language has three basic dialects, each of which has internally consistent rules of pronunciation. Proceeding from north to south, these are the Ulster dialect, with several Gaeltacht regions in County Donegal, the Connacht dialect of the Gaeltachts of Mayo and Galway, and the Munster dialect, with Gaeltacht regions in Kerry, Cork, and Waterford. Differences between the dialects are becoming less prominent as a result of increased exposure to each other's dialects in the Irish-language media, and the teaching in the schools of an Official Standard set of spelling and grammatical rules.

The most noticeable differences between the dialects are in the pronunciation. For example, Ulster Irish has a rich and complex phonetic system that makes it instantly recognizable, while one of the most prominent features of Munster Irish is the tendency to stress the second or third syllable of a word if that syllable contains a long vowel, so that **cailín** "girl" is normally stressed on the second syllable in Munster, but on the first syllable elsewhere. But to explain all the differences in pronunciation would take too much space, and ultimately the best way to appreciate the subtleties of pronunciation is by listening. The recordings that accompany this book will introduce you to the sounds of Irish as spoken in Galway; for other dialects, there are many resources: radio (Raidió na Gaeltachta), television (TG4), recordings of singers and storytellers, and summer courses in the Gaeltacht areas.

The remainder of this appendix will deal with features of vocabulary, grammar, and syntax that differ in certain dialects from the Cois Fharraige variety of Connacht Irish used in this book.

Unit 1

Greeting people

The Connacht way of asking how a person is doing, **Cén chaoi a bhfuil tú?**, is not a part of the Ulster or Munster dialects. Instead, in Ulster one asks, **Cad é mar atá tú?** (sometimes spelled phonetically as, **Goidé mar tá tú?**) "How are you?" In Munster, the "official" way of asking this question, **Conas tá tú?**, or **Conas atá tú?**, may be regarded as book-ish by some native speakers; in the Munster Gaeltacht regions one is likely to hear a number of variants, of which **Conas tánn tú?**, and **Conas athá tú?**, are probably the most popular.

Asking and telling names

The Ulster Irish way of asking a person's name is **C'ainm atá ort?**; in Munster it is **Cad is ainm duit?** To introduce a person in Ulster Irish, the pronoun **é** or **í** is omitted: **Seo Bríd** "This is Bríd," **Seo Séamas**, "This is Séamas."

Giving one's age

In Ulster Irish one asks, **Cad é aois atá tú?** or **Cén aois atá tú?** In Mun-ster, **aos** "age" is a masculine noun, so one asks, **Cén t-aos atánn tú?**

Exercise 5

"What does Mary say?" Ulster: **Cad é a deir Máire?** (also spelled, **Goidé a deir Máire?**); Munster: **Cad a deir Máire?** (pronounced, **Cad deir Máire?**)

Greetings

"Also": Ulster: **fosta**; Munster: **leis**
"To meet you": Munster, Ulster: **Bualadh leat**
"I will call you": Ulster: **Cuirfidh mé scairt ort**.

Personal pronouns and emphasis

The emphatic form of **muid** in Ulster Irish is **muidne**, pronounced as **muidinne**, with the stress on the second syllable. The first-person plural pronoun in Munster is **sinn** (emphatic form: **sinne**), rather than **muid**.

In Munster, "I am" is **Táim**, "we are" is **Táimíd**, and "they are" is often **Táid** or **Táid siad**. In the Gaeltacht areas of Cork, on Achill Island, Co. Mayo, and among some speakers in Kerry, the *f* in **féin** is pronounced *f*.

Unit 2

Saying where you are from

The question, "Where are you from?" is **Cad as tú?** in Munster, and **Cá as tú?** in Ulster.

Where is that?

"Where is that?" is **Cá háit a bhfuil sé sin?** in Kerry and Donegal (and pronounced **C'áit a bhfuil sé sin?** in the latter), and **Canad a bhfuil sé sin?** in Cork.

In Kerry, the word for a chapel (Catholic Church) is **sáipéal**.

Pronunciation

The contraction of **agam** and **agat** to **'am** and **'ad** is rarely encountered outside of Connemara Irish. In Munster, the second syllable of these words is always stressed, with the vowel of that syllable often pronounced with a short u sound: **əgum, əgut**. In Donegal and Mayo, the stress may fall on either syllable of these words.

Unit 3

In Munster this would be spoken as **Ag caint fén dteaghlach**; in Ulster, as **Ag caint fá dtaobh den teaghlach** (pronounced **Ag caint fa dú don teaghlach**).

Dialogue

In Donegal, the usual contraction of **gach uile**, "every," is **'ach uile**, or **'ach fuile**, but the most common way of saying "every" there is **gach aon**, contracted as **'achan**.

In Munster, "every" is **gach aon** (often contracted as **'chaon**), or **nach aon**.

To reply in the negative to a question beginning **An bhfuil?**, such as **An bhfuil tú pósta?**, there is a choice in Ulster between **Níl** and **Chan fhuil** (the latter being somewhat more emphatic).

Referring to children

While **gasúr** in Connemara refers to a child of either sex, in Ulster it specifically means a boy, as does the corresponding form in Munster, **garsún**. **Cailín** in Munster often denotes a young, unmarried woman, while **gearrchaile** is the usual term there for a young girl. In Ulster, a small child of either sex can be called a **tachrán**; a common word for girl is **girseach**, and another frequently used word for boy is **stócach**.

Exercise 1

The standard spelling of the man's name, **Pádraig**, reflects Munster pronunciation. In Ulster Irish, the name is pronounced **Pádraic**.

Exercise 5

More common than **i gcónaí** for "always" in Ulster Irish is **i dtólamh**.

Asking how many children someone has

In Donegal, "How many?" is **Cá mhéad?**; in Munster, one may hear, **Cé méid** (or **Cé mhéid**) **páiste atá agat?** or, **An mó páiste atá agat?**

Introducing family members to others

Again, Ulster Irish omits the pronoun in constructions such as **Seo mo mhac Dara** "This is my son Dara."

Pronunciation

The second person plural possessive adjective, **bhur**, is often pronounced **mur** in Ulster Irish (but this is not normally shown in the spelling). Alternatively, it may be pronounced there as **úr,** which is the usual pronunciation in Munster. In Connacht, the usual pronunciation is ə. No matter what the pronunciation, it is always followed by eclipsis.

Unit 4

Dialogue

In Munster, the word for "house" is **tigh** (pronounced **tig** in that dialect).

Asking about the number of rooms

Ceann "one" or "head" in Ulster Irish is pronounced as if written **cionn** (rhyming with English "one").

Dhá "two" in Ulster Irish is often pronounced as if spelled **dheá.**

Seacht "seven" and **ocht** "eight" in Gweedore, Co. Donegal, are pronounced **seart** and **ort,** respectively.

Dialogue

In Munster, "here" and "there" are **anso** and **ansan,** respectively, and "please" is **led' thoil.**

Cardinal numbers

A common variant of **dara** "second," that is used in many regions is **darna.**

Unit 5

Indicating when you partake in activities

In Munster, **ar an** causes eclipsis of *d* at the beginning of a word, so "on Sundays" is **ar an nDomhnach,** and "on Thursdays" is **ar an nDéardaoin.**

Unit 6

Asking and telling time

In Ulster and Munster Irish, one may also ask **Cad é an t-am é?** "What time is it?"; in Ulster, "after" is **i ndiaidh** (pronounced **i ndéidh**): **cúig i ndiaidh a trí**, "five after three," and "to" is **go dtí**: **fiche go dtí a ceathair**, "twenty to four."

The verb "to make" or "to do"

In Munster, the forms of the present tense are **deinim** "I make/do," **deineann tú**, "you make/do," etc.

In Donegal, **déanaim** (usually pronounced **deánam**), etc., is used after the particles, **an**, **ní**, **cha**, **nach**; however, for the independent form, a historical form going back to Old Irish, **ní sé**, or **níonn sé**, is still found in Gaeltacht speech of the older generation and in the works of major twentieth-century Donegal writers such as the Ó/Mac Grianna brothers.

Unit 7

Talking about varying ability

In Ulster Irish, the word for "difficult" is **doiligh**.

Asking someone how they are getting on with a task

In Munster, one asks, **Conas atá ag éirí leat?**; in Ulster, **Cad é mar atá ag éirí leat?**

Féidir

In Ulster Irish, the usual way of asking, "Can I?," or "May I?," is **An dtig liom?** "I can" is **Thig liom** (in Connacht, **tig liom** is sometimes used as an alternative to **is féidir liom**); "I cannot" is **Ní thig liom**, or **Cha dtig liom**. "Could I?" or "Would I?" is **An dtiocfadh liom?** "I couldn't" or "I wouldn't" is **Ni thiocfadh liom** or **Cha dtiocfadh liom**.

"Can you?" is **An dtig leat?** "You can" is **Thig leat**; "You cannot" is **Ní thig leat** or **Cha dtig leat**. "Could you?" or "Would you?" is **An dtiocfadh leat?;** "You could" is **Thiocfadh leat**; "You couldn't" is **Ní thiocfadh leat** or **Cha dtiocfadh leat**.

Unit 8

Jobs

Captaen/caiptín: in Ulster Irish, the form is **caiftín**.

Asking questions in the present tense

In Munster, the negative of **an bhfuil?** is **ná fuil?**

Unit 9

Personal pronouns

In Ulster Irish, **mo** and **do** are not necessarily shortened to **m'** and **d'** before vowels. Thus, one may encounter:

Mo eochair	my key
Do athair	your father

Unit 10

Simple past

In the Munster dialect, a number of verbal endings have survived that have largely fallen out of use in the other dialects. Thus:

bhíos	I was	**ní rabhas**	I was not
bhís	you were (sing.)	**ní rabhais**	you were not (sing.)
bhíomar	we were	**ní rabhamar**	we were not
bhíobhair	you were (plur.)	**ní rabhabhair**	you were not (plur.)
bhíodar	they were	**ní rabhadar**	they were not

Note: **Bhíomar** and **rabhamar** are the Official Standard forms, but the actual Munster pronunciations are **bhíomair** and **ní rabhamair**.

Likewise for **bris** and **gortaigh**:

bhriseas	I broke
bhrisis	you broke (sing.)
bhriseamar	we broke
bhriseabhair	you broke (plur.)
bhriseadar	they broke
ghortaíos	I hurt
ghortaís	you hurt (sing.)
ghortaíomar	we hurt
ghortaíobhair	you hurt (plur.)
ghortaíodar	they hurt

In Munster, **ag an** "at the," **ar an** "on the," **as an** "out of the," etc., cause eclipsis in nouns beginning with *b*, *c*, *d*, *f*, *g*, *p*, or *t*:

ag an ndoras	at the door
ar an dtaobh	on the side

In Ulster Irish, instead of causing eclipsis, these combinations of preposition and singular article cause lenition in nouns beginning with *b*, *c*, *f*, *g*, *m*, or *p*:

as an chógaslann	out of the pharmacy
leis an fhiaclóir	with the dentist

Imperative

The Donegal form of **tagaigí** "come" (plur.), is **taraigí**.

Pronunciation

Just as in Connemara, where it is more common to summon children or pets with **goile** or **gabh i leith** than with **tar anseo**, in Ulster Irish there is a distinctive expression, **goitse**, for the same purpose. Somewhat similar in Munster is the expression, **téanam ort** "let's go."

Unit 11

Ró- *and* an-

In Munster, the intensifying prefix **an-** is pronounced with a helping vowel after it as **anə-**, and is sometimes written as **ana-** (although the Official Standard spelling, **an-**, is more usual). When pronounced in this way, the prefix causes lenition of words beginning with *d*, *t*, and *s* (if followed by a vowel, *l*, *m*, *n*, or *r*): **an-dheas** "very nice," **an-the** "very hot," **an-shuim-iúil** "very interesting," **an-shleamhain** "very slippery." However, if **an-** is pronounced without the helping vowel, as is the case in the Connacht and Ulster dialects, those words are not lenited: **an-deas**, **an-te**, etc.

Deciding which one

In Munster, instead of **cé acu?** "which?," one often hears a redundant form, **cé acu acu**, pronounced **cioc acu**.

Unit 12

The simple past of *bí*

In the past tense, **cha raibh** (pronounced **cha rabh**) is used in the Donegal Gaeltacht areas, particularly in the northern ones, as an alternative to **ní raibh**; in south-western Donegal, such as Teelin, **cha** is rarely used, whereas in the north-westernmost Donegal Gaeltacht, Tory Island, **cha** is more frequently employed than **ní**.

Unit 13

Pronunciation

In Munster, *-igh* or *-idh* at the end of a word is generally pronounced *-ig*, unless it is the ending of a verb immediately followed by a pronoun subject, such as **gheobhaidh sé**, pronounced **gheo sé**, or if *-igh* is the ending of a surname, such as Ó **Grádaigh**, pronounced Ó **Gráda**.

Unit 14

The future of *bí*

In Ulster Irish, when **cha** is used with the future of the **bí** verb, the habitual present form is used, **cha bhíonn** "won't."

In Munster Irish, in addition to the standard forms generally used in writing, older forms with inflected endings (shown here after the standard forms) are much used in the spoken language:

beidh mé, bead	I will
beidh tú, beir	you will (sing.)
beidh sé, sí	he/she will
beimíd	we will
beidh sibh	we will (plur.)
beidh siad, beid	they will

Future tense

In Munster, as with the forms of **bí**, there are older verbal endings for the future tense that are still used in speech:

Type 1 Verbs

ólfaidh mé, ólfad	I will drink	**ólfaimíd**	we will drink
ólfaidh tú, ólfair	you will drink (sing.)	**ólfaidh sibh**	you will drink (plur.)
ólfaidh sé, sí	he, she will drink	**ólfaidh siad, ólfaid**	they will drink

Type 2 Verbs

imeoidh mé, imeod	I will go	**imeoimíd**	we will go
imeoidh tú, imeoir	you will go (sing.)	**imeoidh sibh**	you will go (plur.)
imeoidh sé, sí	he, she will go	**imeoidh siad, imeoid**	they will go

In Ulster Irish, Type 1 verbs form their future stems in the standard way, with *f*; however, for Type 2 verbs an old stem is used. For example, instead of **ceannóidh** "will buy," one may encounter **ceannóchaidh**, pronounced **ceannahaí**; instead of **imeoidh** "will go away," there is **imeochaidh**, pronounced **imeahaí**.

Key to exercises

Unit 1

Exercise 1

1. t-ainm, 2. é, 3. bhfuil, 4. maith, 5. atá

Exercise 2

1b, 2c, 3b

Exercise 3

1. a Bhreandáin, 2. a Shíle, 3. a Cháit, 4. a Phádraig, 5. a Shéamais, 6. a Niocláis, 7. a Thaidhg

Exercise 4

1. ocht mbliana, 2. dhá bhliain, 3. deich mbliana, 4. sé bliana déag, 5. naoi mbliana, 6. trí bliana déag

Exercise 5

1. Dia is Muire dhuit, 2. Cén t-ainm atá ort? 3. Tomás atá orm. 4. Máire atá ormsa. 5. Seán, 6. Cén chaoi a bhfuil tú, a Sheáin? 7. Go maith, go raibh maith agat

Exercise 6

Áine:	Dia dhuit.
Brian:	Dia is Muire dhuit.
Áine:	Cén t-ainm atá ort?
Brian:	Brian atá orm, agus cén t-ainm atá ort féin?
Áine:	Áine atá ormsa.

Brian:	Seo é mo mhac Pól.
Áine:	Cén chaoi a bhfuil tú, a Phóil?
Pól:	Go maith, go raibh maith agat.
Áine:	Cén aois thú, a Phóil?
Pól:	Tá mé ocht mbliana d'aois.

Exercise 7

1. dhuit, 2. dhaoibhse, 3. oraibh, 4. ortsa, 5. ort, 6. dhaoibh

Exercise 8

1. Tá mé go breá, a Mhairéad. 2. Tá mise go maith freisin. 3. Is é seo Cóilín Ó Catháin. 4. Tá mé ocht mbliana d'aois. 5. Tá áthas orm casadh leat, a Pheadair. 6. Is mise Bríd.

Exercise 9

1. An bhfuil tú go maith? 2. Cén chaoi a bhfuil tú? 3. An bhfuil tusa go breá? 4. Cén t-ainm atá ort? 5. An bhfuil áthas orm? 6. Cén aois thú?

Exercise 10

1. An bhfuil faitíos ort? 2. An bhfuil iontas ort? 3. An bhfuil ocras ort? 4. An bhfuil náire ort? 5. An bhfuil tart ort? 6. An bhfuil tinneas cinn ort?

Unit 2

Exercise 1

1. Is as Bearna mé féin. 2. Cé as tusa? 3. Is as Ros an Mhíl í Siobhán. 4. As Scríob ó dhúchas é. 5. Is as Carna mé féin.

Exercise 2

1. Cén, 2. chónaí, 3. tusa, 4a. í, 4b. é, 5. féin, 6. ceantar

Exercise 3

1. mbéal, 2. gContae, 3. Meiriceá, 4. dtreo, 5. mo, 6. ndeireadh, 7. Londain, 8. Londain

Exercise 4

1. sna Forbacha, 2. sa Spidéal, 3. sa gCabhán, 4. sa Tearmann, 5. sa nGearmáin, 6. sna Cealla Beaga, 7. san Iodáil

Exercise 5

1f, 2k, 3a, 4g, 5j, 6b, 7l, 8d, 9i, 10m, 11h, 12c, 13e

Exercise 6

1. Q. áit, A. Cheathrú; 2. Q. chónaí, A. Gaillimhe; 3. Q. seoladh, A. Sráid, Cathair; 4. Q. agat, A. Maigh

Exercise 7

1. duit or dhuit, 2. daoibh or dhaoibh, 3. oraibh, 4. ort, 5. agat, 6. agaibh, 7. agat

Exercise 8

1. in aice leis an siopa, 2. in aice leis an siopa, 3. ar an taobh eile den bhóthar, 4. gar don séipéal 5. ar an taobh eile den bhóthar

Exercise 9

1. ón Trá Bhán, 2. sna Forbacha, 3. leis an séipéal, 4. don bhunscoil, 5. sa leabharlann, 6. ón Trá Gheal, 7. don Ionad Sláinte, 8. leis an stáisiún peitril

Exercise 10

1. Tá, tá óstán, leabharlann, siopaí, scoileanna, oifig an phoist, séipéal, agus cógaslann ar an gCeathrú Rua. 2. Tá, tá bláthadóir, búistéir, gruagaire, ionad sláinte, leabharlann, siopaí, scoileanna, oifig an phoist, séipéal, stáisiún peitril, agus cógaslann sa Spidéal. 3. Tá, tá bunscoil, tithe lóistín, siopa, séipéal, teach tábhairne agus bialann i Ros an Mhíl.

Unit 3

Exercise 1

1. pósta, 2. singil, 3. baintreach fir, 4. pósta, 5. singil, 6. scartha

Exercise 2

1. páistí, 2. agam, 3. tú, 4. níl, 5. agaibh, 6. againn, 7. páiste

Exercise 3

1. teaghlach, 2. clann, 3. babaí, 4. páiste, 5. naíonán, 6. baibín, 7. gasúr,
8. leanbh, 9. leanbán

Exercise 4

1. agat, 2. agaibh, 3. agam, 4. agaibh, 5. agat, 6. agam, 7. agaibh, 8.
agam

Exercise 5

1. bíonn, 2. bíonn, 3. is, 4. bíonn, 5. tá, 6. bíonn, 7. bíonn

Exercise 6

1. ochtar, 2. naonúr, 3. cúigear, 4. seachtar, 5. ceathrar, 6. seisear

Exercise 7

1. mhéad, 2. páiste, 3. cén, 4. air, 5. cé, 6. againn, 7. atá, 8. mac

Exercise 8

1. ceathrar, 2. beirt, 3. cúigear

Exercise 9

1. Seo í m'iníon Ciara. 2. An bhfuil aithne agat ar mo dhearthÁir? 3. Seo
é mo mhac Eoin. 4. An bhfuil aithne agat ar mo dheirfiúr? 5. Seo iad
mo thuismitheoirí.

Exercise 10

1. wife, 2. son, 3. parents, 4. brother, 5. mother, 6. husband, 7. sister, 8. daughter, 9. father

Unit 4

Exercise 1

1. teach, 2. codlata, 3. cisteanach, 4. inneall

Exercise 2

1. sa leithreas, 2. sa gcisteanach, 3. sa seomra folctha, 4. sa seomra codlata, 5. sa halla, 6. sa seomra suite, 7. sa seomra staidéir

Exercise 3

1. ocht gcinn, 2. trí cinn, 3. ceithre cinn, 4. deich gcinn, 5. dhá cheann, 6. ceann amháin

Exercise 4

1. an seomra suite, 2. an t-áiléar, 3. an oifig, 4. an siléar, 5. an tsráid, 6. an t-inneall

Exercise 5

1. Ní maith. Tá sé róbheag. 2. Is maith. Tá sé ceart go leor. 3. Ní maith. Tá sé glórach anseo. 4. Is maith. Tá sé an-mhór. 5. Ní maith. Tá sé róchiúin.

Exercise 6

1. an chéad doras, 2. an ceathrú doras, 3. an dara doras, 4. an cúigiú doras

Exercise 7

1. Níl sé ródhaor. 2. an chéad doras ar dheis 3. Tá sé ciúin anseo. 4. Tá sé ceart go leor. 5. an dara doras ar chlé 6. Tá sé daor go leor.

Exercise 8

1. bungaló, 2. leithreas, 3. cisteanach, 4. árasán, 5. ríomhaire

Unit 5

Exercise 1

Performances: amhrán, ceol, coirm cheoil, dráma, pictiúrlann, scannáin. **Sports**: rith, cispheil, dreapadóireacht, galf, iománaíocht, leadóg, peil, rothaíocht, rugbaí, sacar, snámh, spórt. **Other**: cniotáil, iascaireacht, teach tábhairne

Exercise 2

1. An imríonn tú galf ? 2. An imríonn tú iománaíocht? 3. An imríonn tú leadóg? 4. An gcasann tú ceol? 5. An gcasann tú amhráin?

Exercise 3

1. ag rith, 2. ag dreapadóireacht, 3. ag iascaireacht, 4. ag rothaíocht

Exercise 4

(The adverbs can be used as appropriate.) 1. Téann sí ag snámh. 2. Imrím peil. 3. Imríonn sé cispheil. 4. Casaim ceol. 5. Casaimid ceol.

Exercise 5

(The answers may vary according to the learner's interests.) 1. Is maith liom é. 2. Ní maith liom é. 3. Is breá liom í. Note to learner: Use "í" because "leadóg" is feminine.

Exercise 6

1. Déardaoin, 2. Domhnach, 3. Aoine, 4. Luan, 5. Satharn, 6. Céadaoin

Exercise 7

1. Dúnann siad, 2. Fanann tú, 3. Cuirimid (or "cuireann muid"), 4. Éisteann tú

Exercise 8

Is maith liom spórt agus ceardaíocht. Is breá liom cispheil agus *sacar*. Imrím *cispheil* gach *lá* ar *scoil* agus *imrím* sacar *ar* an *Satharn* freisin. *Is* maith *liom* fuáil *phiosála* a dhéanamh *freisin*. Bím *ag* fuáil *i* Halla *Scoil* Shailearna *ar* an *Déardaoin*. Note to learner: "a dhéanamh" means "to do" and "fuáil phiosála" is "quilting" (literally, "piece-sewing").

Unit 6

Exercise 1

9:00, obair; 10:00, sos; 11:00, obair; 12:00, lón; 13:00, obair, 14:00, sos, caife; 15:00, obair; 16:00, sos; 17:00, obair; 18:00, dinnéar; 19:00, luí na gréine; 20:00, oíche. (Note to learner: your choice of times for meals, etc., may vary slightly.)

Exercise 2

1. Éiríonn, 2. Cónaíonn, 3. Cónaíonn, 4. Breathnaíonn, 5. Breathnaíonn, 6. Tosaíonn, 7. Tosaíonn

Exercise 3

1. idir leathuair tar éis a deich agus ceathrú chun a dó dhéag, 2. idir a naoi a chlog agus a sé a chlog, 3. idir leathuair tar éis a dó agus a cúig a chlog, 4. idir a naoi a chlog agus fiche chun a trí

Exercise 4

1. Ithim bricfeasta ag a hocht a chlog. 2. Téim ar scoil ag a naoi a chlog. 3. Ólaim tae ag a haon déag a chlog ar maidin. 4. Ithim lón ar scoil ag ceathrú chun a dó dhéag. 5. Imím abhaile ag a sé a chlog.

Exercise 5

1. éirím, 2. ní bhím, 3. ní labhraím, 4. imím, 5. ní éistim, 6. breathnaím, 7. ní théim

Exercise 6

1. Ithim lón, 2. Bím ag spraoi, 3. Ithim dinnéar, 4. Breathnaím (Note to learner: remember to use "ar" after "breathnaím.")

Unit 7

Exercise 1

1. péinteáil, 2. taighde a dhéanamh, 3. scannán a léiriú, 4. líniú

Exercise 2

1. An bhfuil foilsitheoireacht deisce agat? 2. An bhfuil clóscríobh agat? 3. An bhfuil ceol agat? 4. An bhfuil tiomáint agat? 5. An bhfuil Gaeilge líofa agat?

Exercise 3

(Note: each learner's answers may vary here.) 1. deacair, 2. an-éasca, 3. ródheacair, 4. ródheacair, 5. éasca

Exercise 4

1. Níl ag éirí go rómhaith liom. 2. Maith go leor 3. Níl ag éirí go rómhaith liom. 4. Tá ag éirí go han-mhaith liom. 5. Maith go leor.

Exercise 5

Translation: Máirtín Ó Gríofa speaks four languages. He knows (speaks) Irish, English, Italian, and Portuguese. He was raised in Irish (lit. was born and raised with Irish) in Baile na hAbhann. He was working in Italy for a year. Now he has been (lit. is) back for a couple of months in Gort, Co. Galway, working as a manager for a construction company. A lot of people from Brazil are employed at the company. 1. Tá Gaeilge líofa aige. 2. Tá Iodáilis mhaith aige. (Note to learner: lenite "maith" since it modifies a feminine noun.) 3. Tá Portaingéilis réasúnta maith aige.

Exercise 6

Prompts: litriú "spelling"; abair "say"; tuigim "I understand"; níos moille "slower"; abair, "say." 1. Abair sin arís, le do thoil. 2. Ní thuigim an t-ainm. Abair aríst é, le do thoil. 3. Abair sin níos moille, le do thoil. 4. Abair aríst é, le do thoil.

Exercise 7

1a, 2e, 3f, 4b, 5d, 6c

Exercise 8

Translation: Scéalta na Gaeltachta (every Tuesday night, 7:30–8 p.m.) are looking for correspondents from the various Gaeltacht districts to give a report on events and local news. If you are interested in being part of the Scéalta na Gaeltachta team, contact us at 01-6616333 or at eolas@raidionalife.ie Join (lit. be with) Raidió na Life [Liffey Radio], the Voice of the City.

Unit 8

Exercise 1

1c, 2a, 3p, 4b, 5o, 6m, 7g, 8d, 9h, 10j, 11n, 12k, 13f, 14i, 15l, 16e

Exercise 2

1. dhéanann, is . . . mé, bhfuil, mé . . . i 2. agat, is, áit . . . tú . . . obair, tá . . . ag . . . in, 3. obair, airgeadóir (or bainisteoir), is, ag . . . amharclann

Exercise 3

1. An tusa an garda? 2. Céard a dhéanann tú sa bpost sin? 3. Cá bhfuil tú ag obair? 4. An tiománaí thú?

Exercise 4

1. Ní maith. 2. Taitníonn. 3. Is maith. 4. Ní thaitníonn.

Exercise 5

1. Is é Feargal an rúnaí. 2. Is í an poitigéir í. 3. Is é an sagart é.
4. Is tiománaí thusa. 5. Is freastalaí í. 6. Is tusa an caiptín.

Exercise 6

1. i gCúige Chonnacht, 2. sa gClochán, 3. i nGaillimh, 4. in Áth Cinn,
5. sna Forbacha

Exercise 7

1. Bím ag obair óna naoi a chlog go dtí a cúig a chlog. 2. Oibrím óna
leathuair tar éis a deich go dtí a leathuair tar éis a dó. 3. Bím ag obair
ó cheathrú tar éis a hocht go dtí a haon a chlog. 4. Oibrím óna haon a
chlog go dtí a leathuair tar éis a sé. Note: the particle **a** is used between
go dtí and **leathuair**.

Exercise 8

Oifig: rúnaí, stiúrthóir, fiaclóir; ceardlann: siúinéara, criadóir; scoil:
ollamh, léachtóir, máistir, máistreás, príomhoide, múinteoir; amuigh
faoin aer: feilméara, garda

Exercise 9

Translation: I am a teacher. I work in the National School in An Tulaigh.
It is a permanent position. I teach the first and second class. I work from
nine o'clock to half past two. I like my job.

Unit 9

Exercise 1

Déirí: bainne, im, ubh; Feoil Úr: bagún, feoil, iasc; Bia Te: tae, caife;
Fíon: fíon, fuisce, pórtar; Glasraí agus Torthaí: glasraí, fataí; Arán: arán

Exercise 2

1. beorach, 2. beorach, 3. fuisce, 4. fuisce, 5. beorach, 6. pórtair, 7. fuisce

Exercise 3

1. uibheacha, 2. ime, 3. bainne, 4. siúcra, 5. tae, 6. bagúin, 7. ime

Exercise 4

Seán:	Cén chaoi a bhfuil tú, a Sheáin?
Mícheál:	Tá mé go maith, buíochas le Dia.
Seán:	An bhfuil tart ort?
Mícheál:	Tá. (*leis an bhfreastalaí*) Gloine fuisce, le do thoil. (*le Seán*) Agus tú féin? Céard a ólfaidh tusa?
Seán:	(*leis an bhfreastalaí*) Ólfaidh mise sú oráiste, le do thoil. (*le Mícheál*) An bhfuil aon scéal agat anocht?
Mícheál:	Níl scéal ar bith agam. An bhfuil tú ag obair i mBóthar na Trá fós?
Seán:	Níl. Tá mé ag obair i nGaillimh in oifig dhlíodóra. Agus tú féin?
Mícheál:	Tá mé ag obair i gCasla mar rúnaí ag Raidió na Gaeltachta.
Seán:	An bhfuil ocras ort? An itheann tú ispíní agus brúitín? Tá na hispíní agus an brúitín an-bhlasta anseo.
Mícheál:	Ní maith liom ispíní agus brúitín. Céard eile atá acu anseo le n-ithe?

Exercise 5

1. na múinteoirí, 2. na dlíodóirí, 3. na féasóga, 4. na putóga, 5. na spúnóga

Exercise 6

1. Beidh . . . amárach, 2. Beidh . . . amárach, 3. Beidh . . . anocht (or amárach), 4. Beidh . . . anocht (or amárach). 5. Beidh . . . anocht (or amárach)

Exercise 7

1. do mhéar, 2. a huillinn, 3. a ghualainn, 4. mo lámh, 5. m'uillinn, 6. a gcosa, 7. mo cheann

Exercise 8

1. fíor 2. fíor 3. bréagach 4. bréagach 5. fíor

Unit 10

Exercise 1

1. béal, 2. bolg, 3. scornach 4. srón

Exercise 2

1. chaoi, bhfuil, 2. mé, aireachtáil, 3. Céard, 4. tinn, slaghdán, 5. raibh, ag, 6. Ní

Exercise 3

1. Ní raibh 2. Bhí 3. Ní raibh 4. Bhí

Exercise 4

1. Bhris 2. Ghortaigh 3. Leon 4. Bhuail 5. Bhris 6. Dhún 7. Dhóigh

Exercise 5

1. téigh 2. cas 3. imir 4. déanaigí 5. éist 6. léimigí

Exercise 6

1. agat 2. agam 3. orm 4. ort 5. oraibh

Exercise 7

1. fearr 2. moille 3. mó 4. measa 5. sine

Unit 11

Exercise 1

Éadaí amuigh: cóta, seaicéad; Barréidí: geansaí, léine; Brístí: bríste; Coisbheart: stocaí, buataisí rubair, bróga

Exercise 2

1b, 2c, 3e, 4a, 5f, 6h, 7d, 8g

Exercise 3

1. gorm 2. donna 3. dearg 4. buí 5. dhubh 6. chorcra 7. uaine 8. dúghorm
9. bhán 10. bándearg 11. dubha

Exercise 4

1. Tá an léine seo an-deas. 2. Tá na bróga seo róthanaí. 3. Tá an sciorta
seo róghearr. 4. Tá an seaicéad seo an-fhoirmiúil. 5. Tá na stocaí seo
rómhór.

Exercise 5

1. Is maith liom an sciorta corcra. 2. Is breá liom í. 3. An dtaitníonn an
léine dhearg leat? 4. An maith leat an gúna sin? 5. Ní maith liom ar
chor ar bith é. 6. Is maith le mo dheirfiúr an dath buí. 7. Taitníonn sé go
mór liom.

Exercise 6

1. Cé mhéad atá ar an ngúna sin? 2. Cén praghas atá ar an sciorta seo.
3. Cé mhéad atá ar an léine? 4. Cén praghas atá ar an mála dearg. 5.
Cé mhéad atá ar na bróga sin? 6. Cén praghas atá ar an muince órga
seo.

Exercise 7

1. ceathracha a seacht 2. seachtó a dó 3. ochtó a hocht 4. caoga a haon
5. seasca a sé

Unit 12

Exercise 1

1. Bhí siad . . . an bhliain seo caite. 2. Bhí tú . . . an bhliain seo caite.
3. Bhí sibh . . . an bhliain seo caite. 4. Bhí muid . . . an bhliain seo caite.
5. Bhí sí . . . an bhliain seo caite.

Exercise 2

1. Chas 2. Cheannaigh 3. Chas 4. Thosaigh 5. D'fhan 6. D'imigh

Exercise 3

1. D'fhan mé in óstán i Londain. 2. D'fhan mé i dteach tuaithe i gCorcaigh. 3. D'fhan mé i dteach feilme i nGaillimh 4. D'fhan mé i dteach baile i mBaile Átha Cliath. 5. D'fhan mé i mbrú óige i bPáras.

Exercise 4

1. Ar chaith tú seachtain amháin ann? 2. Ar bhuail tú ar an doras? 3. Ar fhan tú féin i sealla féinfhreastail? 4. Ar imigh tú ar saoire fós? 5. Ar chas tú leis an uachtarán?

Exercise 5

1. Ar chaill tú do leabhar agus do pheann? 2. Ar ól tú pionta Guinness sa teach tábhairne? 3. Ar dhúisigh tú go mall ar maidin? 4. Ar inis tú an scéal iomlán dhom? 5. Ar chuala tú go raibh timpiste ann?

Exercise 6

1. Bhí sé scamallach. 2. Bhí sé breá tirim. 3. Bhí sé ag cur báistí. 4. Bhí tintreach agus toirneach ann.

Exercise 7

1. Thaitnigh Cathair Mheicsiceo liom. Bhí Dónal liom. 2. Níor thaitnigh Baile Átha Cliath liom. Bhí Ciara liom. 3. Níor thaitnigh Caireo liom. Bhí Máirtín agus Conall liom. 4. Níor thaitnigh Geirsí liom. Bhí Gráinne liom.

Exercise 8

1. liom, sa 2. linn, sna 3. leat, san 4. libh, sa

Text 3

An Cheathrú Rua is situated on a peninsula 40 kilometers west of the city of Galway, between Cuan Chasla on the eastern side and Cuan an

Fhir Mhóir on the western side. The maritime events of the Dóilín Festival are held in Cuan an Fhir Mhóir. The sailing and maritime heritage of the area is very famous, as is the Dóilín beach, a coral beach, which has reached Blue Flag status. Irish is strong in the district, as well as music and old-style singing. The Irish language academy of university education, part of the National University of Ireland, Galway, is situated in the town, as well as two Irish summer colleges. [The website doilin. com no longer exists.]

Unit 13

Exercise 1

1. tógaigí 2. gearraigí 3. caithigí 4. ólaigí 5. críochnaígí 6. imígí

Exercise 2

1. Ithigí bhur ndinnéir. 2. Abair "le do thoil." 3. Éirígí ar an bpointe. 4. Glan do lámha. 5. Ólaigí braon bainne le bhur mbéile.

Exercise 3

1. Glan an seomra suite! 2. Tar isteach! 3. Ná bí ag caoineadh! 4. Ná hól an iomarca! 5. Ná bígí ag troid! 6. Dúisigh ar na bpointe.

Exercise 4

1. thógáil 2. cheannacht 3. oscailt 4. n-ithe 5. chloisteáil 6. n-ól

Exercise 5

1a, 2a, 3a, 4b, 5b

Exercise 6

1. lámha deasa ar bhur gcloigne 2. gcosa clé 3. n-uilleannacha 4. gcoirp

Unit 14

Exercise 1

1. Ní bheidh. Beidh mé ag freastal ar an tórramh. 2. Ní bheidh. Beidh mé ag ceiliúradh mo bhreithlae. 3. Ní bheidh. Beidh mé ag breathnú ar chluiche.

Exercise 2

1. Beidh mé ag dul soir go Gaillimh. 2. Beidh mé ag imirt camógaíochta. 3. Beidh mé ag foghlaim Spáinnise. 4. Beidh mé ag obair in Indreabhán. 5. Beidh mé ag déanamh dioplóma san aisteoireacht.

Exercise 3

1. mbeidh 2. a bheas 3. mbeidh 4. Beidh 5. a bheas 6. Beidh 7. a bheas

Exercise 4

1b, 2a, 3b

Exercise 5

1. buailfidh sé 2. fanfaidh muid 3. ceannóidh sí 4. imeoidh tú 5. tosóidh siad 6. cuirfidh sibh 7. dúnfaidh tú 8. glanfaidh tú 9. scríobhfaidh tú 10. stopfaidh sibh 11. dúiseoidh siad 12. éireoidh sibh 13. osclóidh sé 14. tosóidh sibh

Exercise 6

1. Casfaidh muid le chéile ag leathuair tar éis a ceathair. 2. Casfaidh múid le chéile ag ceathrú tar éis a dó. 3. Casfaidh muid le chéile ag ceathrú chun a seacht. 4. Casfaidh muid le chéile ag a cúig a chlog.

Dialogue translations

Dialogue 15

Jean:	Hello.
Caitríona:	Hello. I'm Caitríona.
Jean:	I'm Jean. Your Irish has a Connemara accent. Are you from this area?
Caitríona:	I am from County Monaghan. My husband is from Ros Muc. I am a housewife and I don't have much chance to speak with other people except my husband and my children. What work do you do?
Jean:	I am a printer. I am working in Indreabhán. It is a temporary position, but my wife is a nurse and that is a permanent position. As a result we are alright. She was born and raised in Ros an Mhíl, but we live in Leitir Mucú now. I, myself, am from France.
Caitríona:	My husband is unemployed at present.
Jean:	What job did he have?
Caitríona:	He is a mechanic. He doesn't like that job anymore. He would like to be working with computers. He is doing a course in An Cheathrú Rua at present.

Dialogue 16

Liam:	Are you students in the National University of Ireland, Galway?
Tomás:	We are. Gráinne and I are (post-)graduate students. What about *you*?
Eilís:	I am a part-time student. I am doing a diploma in acting. What about *you*, Liam?

Liam: I am an undergraduate student. I am doing a nursing pro-
             gram. I am in the first year. What hours do you attend your
             classes?

Gráinne: Tomás and I are doing research degrees and as a result
             we do not have fixed hours. We are [usually] in the library
             and the lab most of the time.

Eilís: My classes are [usually] at four o'clock each afternoon. I
             work from nine o'clock until one o'clock in the bookshop.

Gráinne: You are [usually] very busy! Do you like your job?

Eilís: I don't like it at all. I am seeking a new job at present.

Dialogue 17

Seán: How are you doing, Mícheál?

Mícheál: I am well, thanks be to God.

Seán: Are you thirsty?

Mícheál: I am. A pint of porter, please. And yourself, what will you
             drink?

Seán: I will drink a bottle of beer, please. Do you have any news
             tonight?

Mícheál: I don't have any news at all. Are you working in Salthill still?

Seán: No. I am working in Galway in a lawyer's office, and your-
             self ?

Mícheál: I am not working at present. I am unemployed.

Seán: Are you hungry? Do you eat fish? The fish here is very
             tasty.

Mícheál: I don't like fish. What else do they have here to eat?

Dialogue 18

Tomás: What job do you have?

Máire: We are musicians. I am a singer.

Siobhán: I play the guitar and the tin whistle. I have my whistles
             here in my bag.

Tomás: Where do you [usually] play your music?

Máire:	We [usually] play in the pubs in Woodlawn and in Manhattan, New York.
Siobhán:	We will be in An Béal Bocht tomorrow night in the Bronx. You must come.
Máire:	And we will be playing in the Tír na nÓg and Sláinte pubs in Manhattan this weekend.

Dialogue 19

Páidín:	How are you, Mairéad?
Mairéad:	I am keeping going, Páidín. What about yourself?
Páidín:	I am not feeling well at all.
Mairéad:	[lit.] What do you have?
Páidín:	I hurt my neck a few months ago. I am better now but I have a pain at times.
Mairéad:	Were you at the doctor's?
Páidín:	I was. She gave me a prescription and I got the medicine in the pharmacy but the medicine makes me tired.
Mairéad:	Well, I hope that you will feel better soon.

Dialogue 20

Mícheál:	Hello, Doctor.
Dr. de Búrca:	Hello. How are you?
Mícheál:	I am not too good. I have a pain in my hand.
Dr. de Búrca:	Sit down here and pull up your sleeve.
Mícheál:	I have a bruise here. That is the place where I hit my hand on the car door.
Dr. de Búrca:	Do you have a pain here? What about here?
Mícheál:	Yes. I have a bad pain there.
Dr. de Búrca:	Put this ointment on your hand each morning and each night. Come back here in two weeks' time.

Dialogue 21

Gearóidín:	I am searching for a gift for my brother's birthday.
Dáithí:	What about buying something in Standún's Shop or in the Craft Village in An Spidéal?
Jimí:	I like the Aran sweaters that are available in Standún's Shop.
Dáithí:	But if you are attempting to buy a pullover with a hood with something written in Irish on it, An Spailpín Fánach is the best place to go shopping.
Gearóidín:	Seriously, I am not sure what type of jumper he prefers.
Jimí:	I can go with you if you need help.
Gearóidín:	That will be excellent. You can give me help to choose the style and the right color. Thank you very much.
Jimí:	Don't mention it.
Dáithí:	I hate to go shopping, but best of luck to you.

Dialogue 22

Tadhg (the shopkeeper):	Hello!
Gearóidín:	Hello.
Jimí:	Look here, Gearóidín. There are plenty of jumpers here. Look what is written on them. Do you like this jumper?
Gearóidín:	That jumper is too big. What color is it? I like the green jumper.
Jimí:	Which one? The green one with "Éire" written on it or this one?
Tadhg:	That one is light green. What about this one?
Gearóidín:	My brother likes the color purple. What about this one?
Jimí:	That jumper is nice. He will be completely satisfied with it.

Dialogue 23

Máirín:	Welcome back to Baile na hAbhann.
Peadar:	Thank you very much. It is really nice to be back.
Máirín:	Were you on holiday?
Peadar:	I was. I was in Boston visiting my uncle and my aunt. Here is Mairéad.
Mairéad:	Hello.
Peadar and Máirín:	Hello, Mairéad.
Mairéad:	Peadar, weren't you on holiday recently in Boston?
Peadar:	I just came back. I spent two weeks there.
Mairéad:	Did you meet my cousin Neilí Nic Dhonncha?
Peadar:	I didn't meet [her], but there are plenty of people from Cois Fharraige still there. I met a couple of old friends from Baile na hAbhann while I was over there.

Dialogue 24

Máire:	Where were you on holiday this year?
Brian:	We were in Ros an Mhíl for two weeks in the month of August.
Seosamh:	How was the weather?
Brian:	One week was nice and warm, but the second week was a little cold.
Máire:	What sort of lodging did you have?
Brian:	We stayed in a self-catering house.
Seosamh:	Who was with you?
Brian:	My wife and our two children.
Máire:	Did you like Ros an Mhíl?
Brian:	[We] liked [it]. It is a central place. You can get a boat to Aran [Islands] and you can drive to Galway, Oughterard, and plenty of places in Connemara without spending more than an hour on the road.

Dialogue 25

Mama:	Wake up! Get up now! Don't be lazy!
Róisín:	I am tired! I am hungry, Mommy!
Mama:	Come here! Into the kitchen with you! What do you want to eat this morning?
Róisín:	I want [corn]flakes. Open the box, Mommy. I am not able to open it.
Mama:	Say "please!"
Róisín:	Please.
Mama:	Do you need more milk with that?
Róisín:	I don't. Give me a glass of orange juice, Mommy.
Mama:	"Please."
Róisín:	Please.
Mama:	Good girl.

Dialogue 26

Tomás and Gráinne:	Hello, Micí.
Micí:	Hello. What do you need?
Gráinne:	Give us two notebooks and two pencils, please.
Micí:	Here are the pencils. Wait a minute and I will get the notebooks for you. They are in the back of the shop.
Tomás:	We need a bottle of milk also, Micí.
Micí:	The milk is in that refrigerator. Open the door, Tomás, and take out a bottle. Do you need anything else?
Gráinne:	Don't forget the [news]paper that we usually have each day.
Micí:	There it [is]. Now, that's three euros ten cents total, please.
Gráinne:	Here you go. Thank you.
Micí:	Bye!
Gráinne:	Bye, Micí.

Dialogue 27

Mícheál:	Will you be free tonight?
Ríona:	[I] will. Why?
Mícheál:	Would you like to go to the cinema in the city?
Ríona:	I am sorry, but I am extremely tired and the weather is awful. What about coming to my flat [apartment] and watching television?
Mícheál:	I will come. What will be on the television tonight?
Ríona:	I only have Saorview, therefore I only have RTÉ1, RTÉ2, Virgin Media, and TG4 at home. Would you like to watch *7 Lá*?
Mícheál:	What sort of program is that?
Ríona:	It's a news and discussion program with Máirín Ní Ghadhra. It's on at eight o'clock on TG4.
Mícheál:	Won't *Ros na Rún* be on after that?
Ríona:	It will be. It will be shown at half past eight. There will be a special edition, the last show of the season.

Dialogue 28

Mairéad:	When will you be leaving An Cheathrú Rua?
Erin:	The course will finish Friday afternoon and I will be going to the airport Saturday morning.
Mairéad:	Will you be flying from Shannon Airport to JFK?
Erin:	I will. I live in New Jersey next to New York.
Mairéad:	What time does the airplane leave?
Erin:	It leaves at two o'clock in the afternoon and it will be in New York about a quarter past four, New York time, supposedly.
Mairéad:	You will be happy to be at home again, won't you?
Erin:	It was really nice to spend a few weeks here, but I will be happy to be back home all the same.

Irish-English glossary

This glossary is not intended to replace the use of a bilingual dictionary such as *An Foclóir Póca* or *An Foclóir Scoile*. It lists most of the Irish words that appear in the text. Verbs are given in the second person singular imperative form. For further information on verbs see the text of this book. There are several online resources that offer bilingual dictionaries and verb lists. See www.teanglann.ie, for example. Also the book *Briathra na Gaeilge* provides complete conjugations of many verbs. Note that nationalities below are masculine, though not noted in the list below.

abair	say, tell	**airde (f)**	height
abhaile	homewards, at home	**ais**	back
		áis (f)	facility
abhainn (f)	river	**áit (f)**	place
acadamh (m)	academy	**aithne (f)**	acquaintance
ach	but	**áitiúil**	local
aer (m)	air	**álainn**	beautiful
Afraic (f)	Africa	**Albain (f)**	Scotland
Afracach	African	**Albanach**	Scottish
ag	at	**am (m)**	time
agallamh (m)	interview	**amach**	out (with movement)
agus	and		
Aibreán (m)	April	**amháin**	only
aice	nearness	**amharclann (f)**	theatre
áiléar (m)	attic	**amhrán (m)**	song
aimsir (f)	weather	**an**	very
ainm (m)	name	**an**	the

ann	capable	**báisín (m)**	basin
anocht	tonight	**ball (m)**	member
anois	now	**ballraíocht (f)**	membership
anseo	here	**bán**	white
ansin	there, then	**banc (m)**	bank
Aoine (f)	Friday	**bás (m)**	death
aois (f)	age	**beag**	little
aon (m)	one	**beagáinín**	little bit
aonar (m)	lone person	**béal (m)**	mouth
aontaithe	united	**bean (f)**	woman
ár	our	**Béarla (m)**	English
Araibis (f)	Arabic	**bearna (f)**	gap
áras (m)	building	**beir**	bring, give birth
árasán (m)	apartment	**beirt (f)**	pair
ard	tall	**bhuel**	well
arís(t)	again	**bhur**	your (plur.)
as	from	**bí**	be
Astráil (f)	Australia	**bia (m)**	food
Astrálach	Australian	**bialann (f)**	restaurant
áth (m)	ford	**bith**	any
athair	father	**bláthadóir (m)**	florist
áthas	gladness	**bliain (f)**	year
athphósta	remarried	**bliantúil**	yearly
athscríobh	copy	**bloc (m)**	block
babaí (m)	baby	**bog**	move
babhta (m)	spell	**bord (m)**	table
bád (m)	boat	**bosca (m)**	box
badmantan (m)	badminton	**bóthar (m)**	road
		Brasaíl (f)	Brazil
baile (m)	town	**breá**	fine
bain	reap	**breacadh**	clearing
bainisteoir (m)	manager	**bréan**	rancid
baintreach (f)	widow	**Breatain (f)**	Britain

breathnaigh	observe	**cárta (m)**	card
Breatnach	Welsh	**cartún (m)**	cartoon
Breatnais (f)	Welsh language	**cas**	sing, turn, meet
bricfeasta (m)	breakfast	**cathain**	when
brionglóideach	dream	**cathair (f)**	city
bris	break	**cathaoir (f)**	chair
bród (m)	pride	**cé**	who
brón (m)	sorrow	**céad**	first, hundred
brónach	sad	**Céadaoin (f)**	Wednesday
buí	yellow	**Ceanada (m)**	Canada
búistéir (m)	butcher	**ceann (m)**	one, head
bun (m)	base	**ceannaigh**	buy
bungaló (m)	bungalow	**ceantar (m)**	district
bunscoil (f)	primary school	**ceap**	think
		céard	what
bus (m)	bus	**ceardaíocht (f)**	craft
cá	what	**ceart (m)**	proper, right
caife (m)	coffee	**ceathair (m)**	four
caint (f)	talk	**ceathrar (m)**	four people
cairdiúil	friendly	**ceathrú (f)**	fourth
caith	must, cast, spend	**céibh (f)**	quay
		céile (m)	partner, spouse
camán (m)	hurling stick		
		céim (f)	step, degree
camógaíocht (f)	camogie		
		ceithre	four
can	sing	**cén**	what, who
caoga (m)	fifty	**ceol (m)**	music
caoi (f)	condition, means	**ceoltóir (m)**	musician
		chomh	as, so
caoin	cry	**chuig**	to
cara (m)	friend	**chuile**	each, all

chun	for, towards	**coirnéal (m)**	corner (outside as in street ~)
ciallaigh	mean		
cileagram (m)	kilogram		
ciliméadar (m)	kilometer	**cois**	near
cill (f)	churchyard	**colscaradh (m)**	divorce
cinnte	certain	**comhfhreagraí (m)**	correspondent
ciorcal (m)	circle, round		
cíos (m)	rent	**comhlacht (m)**	company
cispheil (f)	basketball	**comhrá (m)**	conversation
ciste (m)	chest	**cónaí (m)**	dwelling, always
cisteanach (f)	kitchen		
cistin (f)	kitchen	**cónaigh**	dwell
cithfholcadh (m)	shower	**contae (m)**	county
		cré (f)	clay
ciúin	quiet	**crosfhocal (m)**	crossword
clann (f)	children	**cruinniú (m)**	meeting
clár (m)	program	**cuan (m)**	bay
clé	left	**cuid (f)**	part
cleachtadh	exercise	**cúig**	five
cloch (f)	stone	**cúigear (m)**	five people
clog (m)	clock, bell	**cúigiú**	fifth
clois	hear	**cuileann (m)**	holly
clóscríobh	type	**cúinne (m)**	corner (inside as in nook)
cluiche (m)	match		
cniotáil	knit	**cuir**	put
cnoc (m)	hill	**cúirt (f)**	court
cnocán (m)	small hill	**cuisneoir (m)**	refrigerator
cócaireán (m)	cooker	**cúl (m)**	back, goal
codladh	sleep	**cúlchisteanach (f)**	scullery
cófra (m)	chest		
cógaslann (f)	pharmacy	**cúlchistin (f)**	scullery
coicís (f)	two weeks	**cúldoras (m)**	back door
coirm cheoil (f)	concert	**cum**	compose
		cumann (m)	association

cuntas (m)	account	doirteal (m)	sink
cúpla (m)	couple	domhan (m)	world
cúrsa (m)	course	Domhnach (m)	Sunday
daidí (m)	daddy	dona	bad
damhsa (m)	dance	doras	door
dán (m)	poem	dornálaíocht (f)	boxing
daor	expensive	dráma (m)	theatre
dara	second	drea-padóireacht (f)	climbing
dáta (m)	date		
de	from, of	driosár (m)	dresser (drisiúr - standard)
deacair	difficult		
déag	ten (-teen)		
déan	make, do	dtí	until (with "go")
déanach	late	dúchas	native
dearadh (m)	design	duine (m)	person
Déardaoin (m)	Thursday	dún	close, fort
deartháir (m)	brother	é	him, it
deas	nice	Eabhrais (f)	Hebrew language
deich	ten		
deichiú	tenth	éadach (m)	cloth, clothing
deichniúr (m)	ten people	éagsúil	various, different
deireadh (m)	end		
deireanach	last	Eanáir (m)	January
deirfiúr (f)	sister	éasca	easy
deis (f)	opportunity	eastát (m)	estate
dhá	two	eicínt	some
Dia (m)	God	eile	other, another
diaidh	after	Éire (f)	Ireland
dialann (f)	diary	Éireannach	Irish
dinnéar (m)	dinner	éirigh	rise, become
dioplóma (m)	diploma	éis	after
díreach	straight	éist	listen
do	your (sing.), to		
dó	two		

eochair (f)	key	**foilsi-**	publishing
eolas (m)	knowledge	**theoireacht (f)**	
Eoraip (f)	Europe	**foinse (f)**	source
fadhb (f)	problem	**foireann (f)**	team
fág	leave	**foirm (f)**	form
faigh	get	**foirmiúil**	formal
fáilte	welcome	**folcadán (m)**	bath
faitíos (m)	fear	**folcadh**	bathing
fan	wait	**fón (m)**	phone
faoi	under	**fós**	still
farraige (f)	sea	**fostaigh**	hire, employ
fás	grow	**Frainc (f)**	(An Fhrainc) France
féach	look		
féad	can	**Fraincis (f)**	French language
feadh (m)	length		
fear (m)	man	**freagair**	answer (v.)
feic	see	**freagra (m)**	answer (n.)
féidir (is ~)	possible	**freisin**	also
feilm (f)	farm	**fuáil (f)**	needlework
féin	self	**fuath**	hatred
feirm (f)	farm	**fud**	throughout
fiacail (f)	tooth	**fuinneog (f)**	window
fiaclóir (m)	dentist	**gach**	each, every
fiche	twenty	**Gaeilge (f)**	Irish language
ficheall (f)	chess	**Gaelach**	Irish
file (m)	poet	**Gaeltacht (f)**	Irish-speaking district
fill	return		
fios (m)	knowledge	**gairdín (m)**	garden
fiú	worth	**galf (m)**	golf
foclóirín (m)	vocabulary	**gan**	without
foghlaim	learn	**gar**	near
fógra (m)	advertisement, announcement	**gasúr (m)**	child
		geal	bright

Gearmáin (An Ghearmáin) (f)	Germany	**idir**	between
		idirlíon (m)	internet
		imeacht (m)	departure
Gearmáinis (f)	German language	**imigh**	depart
		imir	play
Gearmánach	German	**imirce (f)**	migration
gearr	cut (v.), short (adj.)	**imir**	play
		iníon (f)	daughter
glac	accept	**inis (f)**	island
glan	clean	**inneall (m)**	machine
glaoch (m)	call (n.)	**inniu**	today
glaoigh	call (v.)	**Iodáil (f)**	Italy
glórach	noisy	**Iodáilis (f)**	Italian (language)
gnáth	common		
gnéas (m)	sex	**Iodálach**	Italian
gort (m)	field	**iománaíocht (f)**	hurling
Gréagach	Greek		
gréasán (m)	web	**iomarca (f)**	excess
Gréigis (f)	Greek language	**ionad (m)**	place
		iondúil	usual
grian (f)	sun	**iontas (m)**	surprise
gruagaire (m)	hairdresser	**isteach**	inside (moving ~)
grúpa (m)	group		
guth (m)	voice	**ith**	eat
halla (m)	hall	**Iúil (m)**	July
haló	hello	**lá (m)**	day
i	in	**labhair**	speak
í	she, her, it	**lag**	weak
iad	they, them	**laghad**	slightest
iarnóin (f)	afternoon	**láithreach**	immediately
iarraidh (f)	attempt	**lár (m)**	centre
iarratas (m)	application	**láthair (f)**	place, time
iascaireacht (f)	fishing	**le**	with
		leaba (f)	bed

leabhar (m)	book	**má**	if
leabharlann (f)	library	**mac (m)**	son
leabhragán (m)	bookcase	**magh (f)**	plain
léacht (f)	lecture	**maidin (f)**	morning
léachtóir (m)	lecturer	**Máirt (f)**	Tuesday
leadóg (f)	tennis	**maith**	good
leagan (m)	version	**mall**	slow
leanbán (m)	little child	**mama (f)**	mommy
leanbh (m)	child	**mar**	as, like
leathan	wide	**matamaitic (f)**	mathematics
leathscoite	semi-detached	**máthair (f)**	mother
leathuair	half hour	**mé**	I, me
leibhéal (m)	level	**méad**	amount, quantity
léigh	read		
leigheas (m)	cure	**meán**	middle
léim	jump	**Meiriceá (m)**	America
leithreas (m)	toilet	**Meiriceánach**	American
leithscéal (m)	excuse	**mí (f)**	month
leor	sufficient	**micreathonn (f)**	microwave
líne (f)	line	**míle**	thousand, mile
línigh	draw	**minic**	frequent
líníocht	drawing	**míosúil**	monthly
líofa	fluent	**míshásta**	dissatisfied
litrigh	spell	**mo**	my
loch (m)	lake	**moch**	early
lóistín (m)	lodgings	**moill**	delay
lón (m)	lunch	**moille**	lateness
lorg	seek	**mol**	praise, recommend
luaigh	mention		
Luan (m)	Monday	**monarcha (f)**	factory
luath	early	**mór**	big
luigh	lie	**muid**	we, us
Lúnasa (m)	August	**múin**	teach

muir (f)	sea	**ól**	drink
muirín (f)	family	**ollmhargadh (m)**	supermarket
na	the (plur.)		
ná	nor	**ollscoil (f)**	university
náid	zero	**óstán (m)**	hotel
naíonán (m)	infant	**páipéar (m)**	paper, newspaper
náire (f)	shame		
náisiúntacht (f)	nationality	**páirc (f)**	field, park
naoi	nine	**páiste (m)**	child
naonúr (m)	nine people	**páistín (m)**	child
naoú	ninth	**pantrach (f)**	pantry
neart	plenty	**peil (f)**	football
níochán (m)	washing, laundry	**péinteáil**	paint (v.), painting (f. n.)
níos	more		
nó	or	**peitreal (m)**	petrol
nóiméad (m)	minute	**pictiúrlann (f)**	cinema
Nollaig (f)	Christmas	**pingin (f)**	penny
nós (m)	custom	**píosáil**	patch
nua	new	**pobal (m)**	community
nuacht (f)	news	**póca (m)**	pocket
nuair	when	**pointe (m)**	point
ó	from	**port (m)**	port
obair (f)	work	**Portaingéilis (f)**	Portuguese (language)
ocht	eight		
ochtar (m)	eight people	**portráid (f)**	portrait
ochtú	eighth	**pós**	marry
ocras (m)	hunger	**pósadh (m)**	marriage
óg	young	**post (m)**	job, mail
oíche (f)	night	**praghas (m)**	price
oideachas (m)	education	**prios (m)**	press, cupboard
oifig (f)	office		
oigheann (m)	oven	**puzal (m)**	puzzle

raidió (m)	radio	saor	inexpensive
ramhar	fat		free
réamhfhocal (m)	preposition	Sasana (m)	England (nationality)
réasúnta	reasonable	Sasanach	English
réiteach (m)	settlement	sásta	satisfied
réitigh	solve, prepare	Satharn (m)	Saturday
riamh	ever	scannán (m)	film
ríomhaire (m)	computer	scartha	separate
ríomhghrafaic (f)	computer graphics	scáthán (m)	mirror
		scéailín (m)	short story
ríomhphost (m)	e-mail	scéal (m)	story
rith	run	scian (f)	knife
ró-	too	scil (f)	skill
rogha (f)	choice	scoil (f)	school
roimh	before	scór	score
roinnt	share	scoth (f)	choice part
rothaíocht (f)	cycling	scríob	scrape, scratch
rua	red-hair		
rud (m)	thing	scríobh	write
ruga (m)	rug	sé	he, six
rugbaí (m)	rugby	seacht	seven
Rúisis (f)	Russian	seachtain (f)	week
Rúiseach	Russian (nationality)	seachtar (m)	seven people
		seachtú	seventh
rún (m)	secret, resolution	sean	old
		Seapáin (f)	Japan
sacar (m)	soccer	Seapánach	Japanese
sagart (m)	priest	séipéal (m)	chapel
saibhir	rich	seisear (m)	six people
samhlaigh	imagine	seo	this, these
samhradh (m)	summer	seoladh (m)	address
saoire (f)	holiday, vacation	seomra (m)	room
		séú	sixth

sí	she
siad	they
sibh	you (plur.)
síleáil (f)	ceiling
siléar (m)	cellar
sin	that
Síneach	Chinese
singil	single
Sínis (f)	Chinese (language)
síniú (m)	signature
síntiús (m)	subscription
siopa (m)	shop
siopadóireacht	shopping
síos	down
siúl	walk
siúlóid	hike
sláinte (f)	health
slán	goodbye
sliotar (m)	hurling ball
sloinne (m)	surname
snámh	swim, float
soir (m)	eastwards
sona	happy
sonraigh	specify
sorn (m)	stove
sórt (m)	sort (n.)
sórtáil	sort (v.)
sos (m)	rest
Spáinn (f)	Spain
Spáinneach	Spanish
Spáinnis (f)	Spanish (language)
spéis (f)	interest
speisialta	special
spórt (m)	sport
spraoi (m)	enjoyment, play
sráid (f)	street
sráidbhaile (m)	village
stad (m)	stop
stádas (m)	status
staidéar	study
staighre (m)	stairs
stáisiún (m)	station
stát (m)	state
stór (m)	darling
suan	slumber, sleep
suí (m)	seat
súil (f)	eye, anticipation
suim (f)	interest
suipéar (m)	supper
tabhair	give
tábhairne (m)	tavern
tae (m)	tea
taighde (m)	research
táiplis (f)	draughts, checkers
taistil	travel
taitin	like
taobh (m)	side
tar	come
tarlaigh	happen
tarraiceán (m)	drawer
tart (m)	thirst
te	hot

teach (m)	house	**traidisiúnta**	traditional
teacht	come	**trasna**	across
teaghlach (m)	family	**tráthnóna (m)**	afternoon,
teagmháil (f)	contact		evening
teallach (m)	fireplace	**treo (m)**	direction
teanga (f)	tongue,	**trí**	through
	language	**tríocha**	thirty
téarma (m)	term	**triomadóir (m)**	dryer
teasaire (m)	heater		
teastaigh	require	**tríú**	third
téigh	go	**triúr (m)**	three people
teilifís (f)	television	**tú**	you
thart	about	**tuairisc (f)**	report
thíos	below	**tuath (f)**	countryside
thuas	above	**tuig**	understand
ticéad (m)	ticket	**tuí (f)**	thatch
tigh	house	**tuig**	understand
tinneas (m)	illness	**tuilleadh**	more
tíocht	come	**tuismitheoir (m)**	parent
tiomáint	drive		
tionsclaíoch	industrial	**uair (f)**	time, hour
tóg	build	**uile**	every, all
toitín (m)	cigarette	**uimhir (f)**	number
tosaigh	begin	**urlár (m)**	floor
trá (f)	beach	**úsáid**	use

English–Irish glossary

about	thart	application	iarratas
above	thuas	April	Aibreán
academy	acadamh	Arabic	Araibis
accept	glac	as	mar, chomh
account	cuntas	association	cumann
acquaintance	aithne	at	ag
across	trasna	at home	abhaile
address	seoladh	attempt	iarraidh
advertisement	fógra	attic	áiléar
Africa	Afraic	August	Lúnasa
African	Afracach	Australia	Astráil
after	diaidh, éis	Australian	Astrálach
afternoon	tráthnóna,	baby	babaí
	iarnóin	back	cúl, ais
again	arís(t)	back-door	cúldoras
age	aois	bad	dona
air	aer	badminton	badmantan
all	chuile, uile	bank	banc
also	freisin	base	bun
always	cónaí	basin	báisín
America	Meiriceá	basketball	cispheil
American	Meiriceánach	bath	folcadán
amount	méad	bathing	folcadh
and	agus	bay	cuan
announcement	fógra	be	bí
another	eile	beach	trá
answer	freagra (n.),	beautiful	álainn
	freagair (v.)	become	éirigh
anticipation	súil	bed	leaba
any	bith	before	roimh
apartment	árasán	begin	tosaigh

bell	clog	chair	cathaoir
below	thíos	chapel	séipéal
between	idir	checkers	táiplis
big	mór	chess	ficheall
birth (give ~)	beir	chest	ciste, cófra
block	bloc	child	gasúr, leanbh,
boat	bád		páiste, páistín,
book	leabhar		leanbán
bookcase	leabhragán		(little ~)
box	bosca	children	clann
boxing	dornálaíocht	Chinese	Síneach
Brazil	Brasaíl	Chinese	
break	bris	(language)	Sínis
breakfast	bricfeasta	choice	rogha
bright	geal	choice part	scoth
bring	beir	Christmas	Nollaig
Britain	Breatain (An	churchyard	cill
	Bhreatain)	cigarette	toitín
brother	deartháir	cinema	pictiúrlann
build	tóg	circle	ciorcal
building	áras	city	cathair
bungalow	bungaló	clay	cré
bus	bus	clean	glan
but	ach	clearing	breacadh
butcher	búistéir	climbing	dreapadóireacht
buy	ceannaigh	clock	clog
call	glaoch (n.),	close	dún
	glaoigh (v.)	cloth	éadach
camogie	camógaíocht	clothing	éadach
can	féad	coffee	caife
Canada	Ceanada	come	tar (ag tíocht;
capable	ann		ag teacht)
card	cárta	common	gnáth
cartoon	cartún	community	pobal
cast	caith	company	comhlacht
ceiling	síleáil	compose	cum
cellar	siléar	computer	ríomhaire
center	lár	computer	
certain	cinnte	graphics	ríomhghrafaic

concert	coirm cheoil	difficult	deacair
condition	caoi	dinner	dinnéar
contact	teagmháil	diploma	dioplóma
conversation	comhrá	direction	treo
cooker	cócaireán	dissatisfied	míshásta
copy	athscríobh	district	ceantar
corner (inside,		divorce	colscaradh
as in nook)	cúinne	do	déan
corner (outside,		door	doras
as in street ~)	coirnéal	down	síos
correspondent	comhfhreagraí	draughts	táiplis
countryside	tuath	draw	línigh
county	contae	drawer	tarraiceán
couple	cúpla	drawing	líníocht
course	cúrsa	dreaming	brionglóideach
court	cúirt	dresser	driosár
craft	ceardaíocht	drink	ól
crossword	crosfhocal	drive	tiomáint
cry	caoin	dryer	triomadóir
cupboard	prios	dwell	cónaigh
cure	leigheas	dwelling	cónaí
custom	nós	each	chuile, gach
cut (v.)	gearr	early	luath, moch
cycling	rothaíocht	eastwards	soir
daddy	daidí	easy	éasca
dance	damhsa	eat	ith
darling	stór	education	oideachas
date	dáta	eight	ocht
daughter	iníon	eight people	ochtar
day	lá	eighth	ochtú
death	bás	e-mail	ríomhphost
degree	céim	employ	fostaigh
delay	moill	end	deireadh
dentist	fiaclóir	England	Sasana
depart	imigh	English	
departure	imeacht	(language)	Béarla
design	dearadh	English	Sasanach
diary	dialann	enjoyment	spraoi
different	éagsúil	estate	eastát

Europe	Eoraip	**fort**	dún
evening	tráthnóna	**four**	ceithre,
ever	riamh		ceathair
every	gach, uile		(counting,
excess	iomarca		phone num-
excuse	leithscéal		bers or the
exercise	cleachtadh		hour)
expensive	daor	**four people**	ceathrar
eye	súil	**fourth**	ceathrú
facility	áis	**France**	Frainc (An
factory	monarcha		Fhrainc)
family	teaghlach,	**free**	saor
	muirín	**French**	
farm	feilm, feirm	**(language)**	Fraincis
fat	ramhar	**frequent**	minic
father	athair	**Friday**	Aoine , Dé
fear	faitíos		hAoine
field	páirc, gort	**friend**	cara
fifth	cúigiú	**friendly**	cairdiúil
fifty	caoga	**from**	ó, de, as
film	scannán	**gap**	bearna
fine	breá	**garden**	gairdín
fire-place	teallach	**German**	Gearmánach
first	céad	**German**	
fishing	iascaireacht	**(language)**	Gearmáinis
five	cúig	**Germany**	Gearmáin (An
five people	cúigear		Ghearmáin)
float	snámh	**get**	faigh
floor	urlár	**give**	tabhair
florist	bláthadóir	**give birth**	beir
fluent	líofa	**gladness**	áthas
food	bia	**go**	téigh
football	peil	**goal**	cúl
for	chun	**God**	Dia
ford	áth	**golf**	galf
form	foirm	**good**	maith
formal	foirmiúil	**goodbye**	slán

Greek	Gréagach	hurling stick	camán
Greek		I	mé
(language)	Gréigis	if	má
group	grúpa	illness	tinneas
grow	fás	imagine	samhlaigh
hairdresser	gruagaire	immediately	láithreach
half hour	leathuair	in	i
hall	halla	industrial	tionsclaíoch
happen	tarlaigh	inexpensive	saor
happy	sona	infant	naíonán
hatred	fuath	inside	
he	sé, í	(moving ~)	isteach
head	ceann	interest	suim, spéis
health	sláinte	internet	idirlíon
hear	clois	interview	agallamh
heater	teasaire	Ireland	Éire
Hebrew	Eabhrais	Irish (adj.)	Gaelach
(language)		Irish	
height	airde	(language)	Gaeilge
hello	haló	Irish	Éireannach
her (pron.)	í	Irish-	
here	anseo	speaking district	Gaeltacht
hike	siúlóid	island	inis
hill	cnoc	it	é, í
him	é	Italian	Iodálach
hire	fostaigh	Italian	
holiday	saoire	(language)	Iodáilis
holly	cuileann	Italy	Iodáil
homewards	abhaile	January	Eanáir
hot	te	Japan	Seapáin
hotel	óstán	Japanese	Seapánach
hour	uair	job	post
house	tigh, teach	July	Iúil
hundred	céad	jump	léim
hunger	ocras	key	eochair
hurling	iománaíocht	kilogram	cileagram
hurling ball	sliotar	kilometer	ciliméadar

kitchen	cisteanach, cistin	nice	deas
knife	scian	night	oíche
knit	cniotáil	nine	naoi
knowledge	fios, eolas	nine people	naonúr
lake	loch	ninth	naoú
language	teanga	noisy	glórach
last	deireanach	nor	ná
late	déanach	now	anois
lateness	moille	number	uimhir
learn	foghlaim	observe	breathnaigh
leave	fág	of	de
lecture	léacht	office	oifig
lecturer	léachtóir	old	sean
left	clé	one	aon, ceann
length	feadh	only	amháin
level	leibhéal	opportunity	deis
library	leabharlann	or	nó
lie	luigh	other	eile
like	taitin, mar	our	ár
line	líne	out (with movement)	amach
listen	éist	oven	oigheann
little	beag	paint	(v.) péinteáil
little bit	beagáinín	painting	(n.) péinteáil
little child	leanbán	pair	beirt
local	áitiúil	pantry	pantrach
lodgings	lóistín	paper	páipéar
lone person	aonar	parent	tuismitheoir
look	féach	park	páirc
lunch	lón	part	cuid
name	ainm	partner	céile
nationality	náisiúntacht	patch	píosáil
native	dúchas	penny	pingin
near	cois, gar	person	duine
nearness	aice	petrol	peitreal
needlework	fuáil	pharmacy	cógaslann
new	nua	phone	fón
news	nuacht	place	áit, láthair, ionad
newspaper	páipéar		

plain	magh	rent	cíos
play	imir (v.), spraoi (n.)	report	tuairisc
		require	teastaigh
plenty	neart	research	taighde
pocket	póca	rest	sos
poem	dán	restaurant	bialann
poet	file	return	fill
point	pointe	rich	saibhir
port	port	right	ceart
portrait	portráid	rise	éirigh
Portuguese		river	abhainn
(language)	Portaingéilis	road	bóthar
possible	féidir (is ~)	room	seomra
praise	mol	round	ciorcal
prepare	réitigh	rug	ruga
preposition	réamhfhocal	rugby	rugbaí
press	prios (n.)	run	rith
price	praghas	Russian	Rúiseach
pride	bród	Russian	
priest	sagart	(language)	Rúisis
primary school	bunscoil	sad	brónach
problem	fadhb	satisfied	sásta
program	clár	Saturday	Satharn , Dé
proper	ceart		Sathairn
publishing	foilsitheoireacht	say	abair
put	cuir	school	scoil
puzzle	puzal	score	scór
quantity	méad	Scotland	Albain
quay	céibh	Scottish	Albanach
quiet	ciúin	scrape	scríob
radio	raidió	scratch	scríob
rancid	bréan	scullery	cúlchisteanach,
read	léigh		cúlchistin
reap	bain	sea	farraige, muir
reasonable	réasúnta	seat	suí
recommend	mol	second	dara
red-haired	rua	secret	rún
refrigerator	cuisneoir	see	feic
remarried	athphósta	seek	lorg

self	féin	sort	sórt (n.),
semi-detached	leathscoite		sórtáil (v.)
separate	scartha	source	foinse
settlement	réiteach	Spain	Spáinn
seven	seacht	Spanish	
seven people	seachtar	(language)	Spáinnis
seventh	seachtú	Spanish	Spáinneach
sex	gnéas	speak	labhair
shame	náire	special	speisialta
share	roinnt	specify	sonraigh
she	sí, í	spell	babhta (n.),
shop	siopa		litrigh (v.)
shopping	siopadóireacht	spend	caith
short	gearr	sport	spórt
short story	scéailín	spouse	céile
shower	cithfholcadh	stairs	staighre
side	taobh	state	stát
signature	síniú	station	stáisiún
sing	cas, can	status	stádas
single	singil	step	céim
sink	doirteal	still	fós
sister	deirfiúr	stone	cloch
six	sé	stop	stad
six people	seisear	story	scéal
sixth	séú	stove	sorn
skill	scil	straight	díreach
sleep	codladh (n.),	street	sráid
	suan (n.)	study	staidéar
slightest	laghad	subscription	síntiús
slow	mall	sufficient	leor
slumber	suan	summer	samhradh
small hill	cnocán	sun	grian
so	chomh	Sunday	Domhnach, Dé
soccer	sacar		Domhnaigh
solve	réitigh	supermarket	ollmhargadh
some	eicínt	supper	suipéar
son	mac	surname	sloinne
song	amhrán	surprise	iontas
sorrow	brón	swim	snámh

table	bord	time	uair, am,
talk	caint		láthair
tall	ard	to	do, chuig
tavern	tábhairne	today	inniu
tea	tae	toilet	leithreas
teach	múin	tongue	teanga
team	foireann	tonight	anocht
television	teilifís	too	ró-
tell	abair	tooth	fiacail
ten	deich	towards	chun
ten (-teen)	déag	town	baile
ten people	deichniúr	traditional	traidisiúnta
tennis	leadóg	travel	taistil
tenth	deichiú	Tuesday	Máirt,
term	téarma		Dé Máirt
that	sin	turn	cas
thatch	tuí	twenty	fiche
the	an (sing.), na	two	dó, dhá
	(plur.)	two weeks	coicís
theater	dráma,	type	clóscríobh
	amharclann	under	faoi
	(place)	understand	tuig
them	iad	united	aontaithe
then	ansin	university	ollscoil
there	ansin	until	dtí (go ~)
these	seo	us	muid
they	siad, iad	use	úsáid
thing	rud	usual	iondúil
think	ceap	vacation	saoire
third	tríú	various	éagsúil
thirst	tart	version	leagan
thirty	tríocha	very	an-
this	seo	videotape	físeán
thousand	míle	village	sráidbaile
three people	triúr	vocabulary	foclóirín
through	trí	voice	guth
throughout	fud	wait	fan
Thursday	Déardaoin	walk	siúl
ticket	ticéad	washing	níochán

we	muid	widow	baintreach
weak	lag	window	fuinneog
weather	aimsir	with	le
web	gréasán	without	gan
Wednesday	Céadaoin ,	woman	bean
	Dé Céadaoin	work	obair
week	seachtain	world	domhan
welcome	fáilte	worth	fiú
well	bhuel	write	scríobh
Welsh	Breatnach	year	bliain
Welsh		yearly	bliantúil
(language)	Breatnais	yellow	buí
what	cá, cén, céard	you	tú (sing.),
when	cathain, nuair		sibh (plur.)
white	bán	young	óg
who	cé, cén	your	bhur
wide	leathan	zero	náid

Index